誰からも「感じがいい」
「素敵」と言われる

大人の
シンプル
ベーシック

クローゼットオーガナイザー
鈴木尚子

D&DEPARTMENT

はじめに

私はこれまで、日本初のクローゼットオーガナイザーとして、たくさんのお客様のクローゼットと、ワードローブを拝見してきました。

クローゼットの仕組みをつくる「クローゼットオーガナイズ」と、似合う服を見つける「パーソナルスタイリング」の2本立てで仕事をしてきましたが、現在は講師としての活動をメインに、オーガナイザーの育成につとめています。

多くのお客様と出会う中で、女性には30代以降、「何を着ればよいかわからない」「何を着ても似合わない」といった、おしゃれに迷う時期が何度か訪れることがわかってきました。

私自身も30代前半の出産直後、そのような体験をしました。1日の大半を家で過ごすというライフスタイルの変化に加え、太って体型が変化した自分を受け入れられず、おしゃれだけでなく自分自身を見失ってしまった、そんな気持ちでした。生まれて初めておしゃれが苦しい、と思ったのもこの時期です。お客様の中にも、かつての私のような方がたくさんいらっしゃいます。

また40代になると、30代同様に、体型や似合うものが変わったという悩みを持ちながらも、「もうそろそろ、好きなものを着てもいいんじゃないか」「これ

からは、自分らしい定番を持って、おしゃれを楽しみたい」という気持ちが芽生えてきます。悩みはありつつもどこか肩の力が抜け、同時にひとつ上の「おしゃれへの欲」が出てくる心境は、私自身もこの年代になってから、強く感じるようになりました。

本書はそんな大人の女性の数々の悩みに焦点を当てながら、ワードローブを見直し、おしゃれスランプを乗り越えるためのヒントをまとめました。「今すぐ変わりたい」、「5年後も10年後もずっとおしゃれを味方につけ、楽しんでいたい」という気持ちに寄り添う本です。たくさんの大人の女性たちが、幾度となく訪れるであろうおしゃれのスランプにも臆することなく向き合え、輝き続けられますように…。

目次

「軸のある大人のベーシック」

「やっぱりベーシックが好き」。40代になった今、心からそう言えます。

　若い頃からぼんやりと「好きだな」「似合うかも」と選んでいたベーシックな色、ベーシックアイテムと呼ばれるシンプルな服たち…。骨格や色について学び、何となく選んでいた服にも理由があったのだと知り、理論的な裏付けを得た今では、自信を持って〝好き〟〝似合う〟と思えるようになりました。

　若い頃の私は、人から「カッコいい」と思われたくて、褒めてもらいたくて服を選んでいました。今思えばそれほど野暮なことはありません。そんなふうに背伸びをし、無理をして買った服が、自分を助けてくれたかと言うと答えはＮＯ。数々の失敗を重ね、本当に必要なのは他人の価値観で選んだ服ではなく、自分らしくいられ、その心地よさが周りの人にも伝わるような服なのだと気づきました。

　手持ちの服を見直して、1／5ほどの量に減らしたら、残ったのはトレンドなど関係ないベーシックな色、シンプルなアイテム

Tops／ユナイテッドアローズ
Skirt／ブルーバードブルバード
Shoes／パロミタス
Glasses／DITA
Bag／トッズ

Tops／トゥモローランド
Pants／ユナイテッドアローズ
Shoes／ペリーコ
Bag／フェンディ

ばかり。それが私の〝軸〟となりました。他人からは「地味でつまらない」と映るかもしれません。でも〝好き〟と〝似合う〟で埋め尽くされた、ベーシック中心のワードローブは、私にとっては実に快適で心地よいのです。

ファッションのトレンドサイクルはますます短くなっています。昨シーズンはカッコ良く見えたものが、たった一年で色あせ、古臭く見えてしまうことも。ブログやインスタグラムで情報が簡単に入手できるようになり、私たちも無意識のうちにそれに踊らされてしまっている気がします。

若い世代ならやみくもにトレンドを追ってもサマになります。でも大人の女性はどうでしょう？　全身をトレンドアイテムで固

Shirt／アーバンリサーチドアーズ
Skirt／ユニクロ
Shoes／グッチ
Bag／サンローラン

めた姿は、決して素敵には映らず、むしろ痛々しく頑張りすぎた印象に見えます。いつ見てもオシャレで感じがいいなと思う大人の装いは、たいてい、ベーシックな色やアイテムがベースとなり、そこにトレンドがひとさじ加わったくらいの加減です。そう考えるとやはり、大人のファッションのベース、軸こそ、ベーシックがふさわしいのではないでしょうか。

軸となるベーシックがあれば、新しいトレンドが入ってきても、簡単に自分らしいスタイルに仕上げることができます。大人を素敵に見せてくれるのは、そんな軸となるベーシックと少しのトレンド。そしてシンプルなものにこそ、色やラインの微差に細心の注意を払う必要があることを、心がけたいものです。

「何を着たらいいかわからない」という方は、本書を参考に、自分自身と向き合ってみて下さい。本書では、次のような手順でそのヒントを紹介していきます。

まずは体型に合った〝似合う〟ボトムスを見つけること。多くの方がおしゃれになりたいとトップスを買い求めますが、大人のオシャレの要はボトムスなのです。そこが決まればスタイル良く見え、自信が持てます。

そして、自分の肌を美しく輝かせてくれるベースとなる色を知り、自分の骨格をきれいに見せてくれる素材やラインを客観視していきます。

年齢を重ねてふとおしゃれに迷ったら、自分の〝好き〟を知り、〝似合う〟を理論的に理解するところから始めましょう。軸ができればパズルが解けるように、ワードローブを難なく組み立てることができるようになります。クローゼットに心地いい服が増えていったなら、それらは、必ずやあなたの味方となり、背中を押してくれるはずですから。

Knit／ユニクロ
Pants／ミラオーウェン
Shoes／ファビオルスコーニ
Scarf／エルメス
Bag／ドレステリア

Theory 3. クローゼットを
ライフスタイルに合わせて整える

大人の女性は働く女として、妻として、母としてなどいくつもの顔を持つようになります。“好き”だけでなく、それぞれの役割や社会的立場に相応しい装いに配慮することも大切。ライフスタイルに沿ってクローゼットのバランスを見直し、無駄のないワードローブを目指しましょう。

Theory 4. 自分らしい着こなしを知る

やみくもに誰かの真似をしたり、トレンドアイテムに手を出す前に、まずは自分の体型のバランスと向き合うことが大切です。できれば、自分がどのような骨格スタイルにあてはまるかがわかると、似合うものと似合わないものを判断でき、的確な服選びができるようになります。

Theory 5. 毎日困らないおしゃれの
ヒントを持つ

朝、コーディネートに困ったときに、そのまま真似したい！と思えるヒントをストックしておくことも大事。本書の最後に、シンプルベーシックなアイテムで組み立てた私のコーディネート集を載せましたので、活用していただけたら幸いです。

おしゃれの軸を
見直すセオリー

Theory 1. コーディネートの土台となるボトムスを揃える

大人がおしゃれの軸を持つために、まず絶対に必要なのはスタイルアップして見せるボトムスです。体型の変化を受け止めて今のあなたに似合ったボトムスを見つけ、日々のコーディネートを組み立てられるだけの枚数を揃えましょう。

Theory 2. ベーシックカラーについて見直す

ベーシックカラー好きにこそ、こだわってほしいのが色の微差。たとえば同じベージュでも、黄みの強いものから赤みの強いものまで様々です。着合わせるときにはその色みを揃えること。そして自分が一番得意なベーシックカラーを知ることでぐっと垢抜けて見えます。

本書をこう読めばおしゃれになれる

掲載されたコーディネート例をただ眺めるだけでなく、自分の理想を明確にしたり、
今ある自分のワードローブに引き寄せて考えるためのヒントをご紹介します。

上質のタートルニットが女っぽい
ハイウエストのグレーのスカートがシックで素敵
ポインテッドでシャープさを足していてバランスがいい
時には凛としたスカート姿で気を引き締めるように。地味になりがちな配色は、スカート丈や全体のシルエットで新鮮さを。
Knit ／ドゥロワー
Skirt ／ギャルリーヴィー
Shoes ／ペリーコ
Bag ／ピエールアルディ
初対面の方との打ち合わせの日は、トラディショナルなアイテムを組み合わせたこんなコーデを。私らしさを表現でき、安心できます。
Cardigan ／エストネーション
Shirt ／ビームス
Pants ／ユナイテッドアローズ
Shoes ／ユナイテッドアローズ
Scarf ／エルメス
Bag ／フェンディ

Point!!

ステキ！　と思った理由を言葉にしてみる

「好き」や「ステキ！」と思うコーディネートがあったら、なぜそう思うのかの理由を言葉にして書きこんでみてください。そうすることで目指すスタイルがより明確になり、そこへ向かって行動しやすくなります。

Point!!

自分の手持ちのアイテムで似たようなものがないか考える

上から下までこんなに沢山買い揃えられない、そんな理由で挫折をしていませんか？　「同じ色のパンツは持っている」「トップスは手持ちのシャツに変えよう」と自分のワードローブで代用しながら読むことが大事です。

似たようなTシャツを持ってる
このスカート、自分ならデニムにして着こなしてみよう
来年子供が幼稚園に入ればクラッチもOK
少しずつお気に入りを探そう
白スニーカーは手持ちのコンバースがいいかな

きな上下白の爽やかなコーディネート。夏なら
物で引き締め、冬はクリーミィなベージュで柔
く仕上げるのがマイルール。

rt／オーラリー
／ユニクロ
ラルフローレン
／ザラ
ノーブランド
無印良品

インパクト大な太めのボーダーTシャツが主役。そんな日は合わせるボトムスや小物をあくまで控えめにし、引き算コーデを心がけます。

T-Shirt／ユナイテッドアローズ
Skirt／バーニーズ
Shoes／三越伊勢丹
Necklace／フィリップ オーディベール
Bag／アニヤハインドマーチ

買い足しアイテムはリスト化する

手持ちのワードローブにこれを足したらいいなと思うものは、日頃からリスト化しておきましょう。そうすれば買い物に行った時に無駄なものに手を出すこともありません。忙しい女性こそ、ちょっとした時間を上手に使う工夫が必要なのです。

Chapter 1

コーディネートの軸をつくるボトムス

B		T	T		
	O		O	M	S

B		T	T		
	O		O	M	S

Theory

大人のおしゃれを決めるのはボトムス

後ろ姿にも自信を持てる
ボトムスがおしゃれの土台

　大人がおしゃれの軸をつくるために、まず不可欠なアイテムは、スタイルアップして見せてくれるボトムスです。

　多くの人がトレンドを追ってついトップスばかり買い揃えたり、体型の変化に目を背けてボトムスを更新しないままだったり。けれども、ボトムスは面積が大きい分、全身の印象を大きく左右します。ボトムスがフィットし、きれいに見えなければ、流行のトップスを着ていても台なしです。おしゃれに迷ったら、まずは自分の体型を客観的に見つめ、少しでもスタイルアップして見えるパンツやスカートを、ワンシーズンを過ごせる数だけ探すことから始めましょう。

　私自身のワードローブは、ボトムスは3シーズン着られるものなどもあるので、各シーズンごとに見ると、トップスとボトムスの所持枚数は大きく変わりません。ボトムスを多めに持ち、チェンジしていくことが私のおしゃれの基本です。シーズンの変わり目にはまずはボトムスをチェック。マイナーチェンジさせることで自分らしい大人のおしゃれが完成します。

Theory

2～3年選手の定番ボトムスとトレンドボトムスを持つ

トップスに比べ
ボトムスはトレンドもゆるやか

　これだけトレンドが多様化し、めまぐるしく変わる中でもトップスに比べれば、ボトムスの流行はゆるやかです。トレンドを追ったトップスは今季限りでも、比較的シンプルなパンツやスカートなら２～３年ははき続けられます。トップスは他人の印象に残りやすく、着ている本人にとっても飽きがくるのが早いのだと思います。例えば今シーズン流行ったオフショルダーのトップスは、来年はもう着られないかも知れませんが、一昨年前に買ったガウチョパンツは今年もまた活躍しているし、体型に合ったシンプルな細身のパンツならまた来年も合わせるトップスを替えてはけそうです。

　そんな２～３年はける、基本のボトムスをまずは手に入れてみてください。そして定番が揃ったら、次はトレンドボトムスにも挑戦してみましょう。私自身は、シーズン初めに必ずすべてのボトムスを見直し、今の体型にフィットしているか、着こなし次第で今年も活躍しそうか、取り入れるべき新しいバランスのボトムスはないかをチェックしています。

Tops／ユナイテッドアローズ

Tops／アダム エ ロペ

Tops／ザラ

Theory

ワードローブの軸となるのはきれいめの細身パンツ

大人のパンツスタイルはエレガント＆清潔感が大切

40代に入り、圧倒的にパンツをはく機会が増えたという方が多くいらっしゃいます。子育て真っ最中というライフスタイルの変化や、異性の目よりも自分自身が心地よくいられることを大切にできる年代にさしかかったこと、そして何より動きやすく、ストッキングをはかなくても済むなどパンツを好む理由もさまざまです。丸みを帯びてきた体はそれだけで女らしく、パンツの辛さがちょうどよいバランス、ということもあるのだと思います。

かくいう私もワードローブのほとんどがパンツで、パンツとスカートの割合比率は9：1くらい。中でも軸となるのがきれいめの細身のセンタープレスパンツです。あまり流行に左右されず、2～3年ははくことができるので、常に白・黒・ベージュとベーシックカラーを揃えています。

30代も後半になると全身カジュアルではちょっぴり痛々しく見えます。40歳を過ぎたらきれいめのパンツで、エレガントで大人っぽさが加わったスタイルを心がけたいものです。

Jacket／パンセ
Knit／スリードッツ
Pants／ユニクロ
Shoes／チャーチ
Stole／ビューティ&ユース
Bag／アニヤハインドマーチ

センタープレスパンツの着回し

体型に合ったキレイめなセンタープレスパンツがあればカジュアルにもエレガントにも着まわせます。ベーシックカラーである、白・黒・ベージュを例にコーディネートを紹介します。

SPRING &
SUMMER

きれいめ

夏の陽射しや日焼けした肌に映える、テラコッタ色のノースリーブのトップス。白のセンタープレスパンツでコントラストを利かせた着こなしに。

Tops／スピック＆スパンノーブル
Pants／ユニクロ
Shoes／ザラ
Necklace／ドナテラペリーニ
Bag／ブジバジャ

カジュアル

定番のボーダーカットソーも、白のセンタープレスパンツを合わせればカジュアルすぎず、ワンマイル以上のお出掛けにも便利です。

Tops／アストラット
Pants／ユニクロ
Shoes／三越伊勢丹
Bag／エバゴス

White

AUTUMN &
WINTER

きれいめ

ジャケットスタイルに好感度の高い白パンツを合わせれば、かしこまりすぎず、程よく力の抜けたカジュアル感が生まれます。

Jacket／ザ リラクス
Knit／スリードッツ
Pants／ユニクロ
Shoes／アクネ
Bag／ランバン

カジュアル

単調になりがちな冬の着こなしに、白パンツでメリハリをプラス。キレイめなカゴバッグとレザースニーカーを合わせた大人のカジュアル。

Jacket／ラルフ ローレン
Pants／ユニクロ
Shoes／三越伊勢丹
Stole／ビューティ＆ユース
Bag／エバゴス

Black

SPRING & SUMMER

きれいめ

白シャツと黒パンツのコーディネートは、無難に終わらないよう、バッグやアクセサリーなどディテールに凝った小物づかいで差をつけます。

Shirt／ビームス
Pants／バーニーズ
Shoes／ユナイテッドアローズ
Necklace／シトラス
Bag／ランバン

カジュアル

ともするとラフになりすぎ、だらしなくなりがちな夏のTシャツスタイルは、黒パンツで引き締め、きれいめ小物を合わせてキリリと仕上げます。

T-Shirt／ビームス
Pants／バーニーズ
Shoes／スティーブ マデン
Bag／スターメラ

AUTUMN & WINTER

きれいめ

オフィスでの打ち合わせなど仕事で人に会う日には、フォーマル感のある黒パンツが便利です。アクセサリーやアウターの色で華やかさを。

Coat／ザラ
Knit／ドゥーズィエムクラス
T-Shirt／ユナイテッドアローズ
Pants／バーニーズ
Shoes／アクネ
Bag／アニヤハインドマーチ

カジュアル

今日はオフ！　なんて日にも黒パンツは大活躍。小物やボーダーで白をプラスして、リラックス＆カジュアルなコーディネートに。

Vest／パタゴニア
Tops／アストラット
Pants／バーニーズ
Shoes／三越伊勢丹
Bag／ドレステリア
Stole／グレンサクソン

Beige

SPRING & SUMMER

きれいめ

夏の黒を爽やかに受け止めるベージュパンツ。黒×ベージュは大人ならではの洗練された配色です。パイソン柄の靴がつなぎ役に。

Tops／デプレ
Pants／デプレ
Shoes／ユナイテッドアローズ
Necklace／スリーコインズ
Bag／アニヤハインドマーチ

カジュアル

ベージュパンツに黄味を帯びたグレーを合わせた大人のカジュアルスタイル。引き締め役としてさりげなく効かせた白がポイントです。

Cardigan／ノーブランド
T-Shirt／ギャップ
Pants／デプレ
Shoes／スティーブ マデン
Necklace／ノーブランド
Bag／ノーブランド

AUTUMN & WINTER

きれいめ

上下ベージュでつなげたコーディネートは、華やかなエコファーのジレをはおるだけで、大人っぽくキレイめな印象にシフト。

Vest／ザラ
Knit／ドゥロワー
Pants／デプレ
Shoes／ペリーコ
Necklace／日貿真珠
Bag／フェンディ

カジュアル

白×ベージュの組み合わせは好感度の高い配色のひとつ。ぼんやりしがちなベージュに白とキャメルでメリハリつけ、爽やかさをプラス。

Outer／スピック&スパン
Tops／無印良品
Pants／デプレ
Shoes／三越伊勢丹
Bag／トッズ

カジュアルからエレガントまで揃えたい

パンツ バリエーション

PANTS VARIATION

センタープレスパンツ

プレスの効いた、細身のパンツはきちんとした印象を与えられ、キレイめのカジュアルから、仕事、ちょっとしたお出かけとさまざまなシーンで活躍する万能アイテムです。

Pants／エンフォルド

とろみ細身パンツ

細身のシルエットのパンツも、とろみのある素材を選べばエレガントにもなります。合わせるトップス次第で、日常着からフォーマルな装いまで幅広く着まわせます。

Pants／エンフォルド

とろみセミワイドパンツ

とろみのある柔らかい素材のセミワイドパンツなら、エレガントに装うことが可能。トップス次第では、ややカジュアルなセレモニーや結婚式の二次会など、ハレの日のボトムスとしても活用できます。

Pants／セオリーリュクス

シルエットと素材でここまで表情が変わります

カジュアルからエレガントまで、パンツ一本でもその表現力は変わります。同じ白シャツを合わせても印象は変わるもの！　下の写真では、左に行くほどカジュアル度が高めに、右に行くほどエレガント度が高めになります。あなたがワードローブに、どのあたりの着こなしを増やしたいかで、セレクトを変えてみてください。

デニムパンツ

デニム生地で作られたパンツはカジュアルの代表選手。洗いをかけたりダメージ加工を施したりしたものも多い。大人なら「いつでもデニム」ではなく、シーンを選び着用したい。

Pants ／メゾン スコッチ

カーゴパンツ

作業用ズボンとして使われていたポケットの多いカーゴパンツはあくまでカジュアルな装い。大人は細身のラインのキレイめな色を選び、清潔感のある着こなしを。

Pants ／マリテフランソワジルボー

イージーテーパードパンツ

ウエストがゴムになり、裾に向かって細くなるテーパードパンツは、カジュアルながら素材や着こなし次第では仕事やお出かけにも対応可能。

Pants ／ユナイテッドアローズ

Theory

あなたに似合うパンツ選びの基本

下半身と同じシルエットのパンツを選べば失敗なし

スタイルアップできるパンツ選びの肝は、あなたの体型と同じ形のパンツを選ぶことです。骨盤が張っている方は腰回りに少しゆとりのあるタイプ、脚が細い方はその部分が細くなっているシルエットを選ぶといった具合です。

そのためには、パンツを買いにいく前に、鏡の前で改めて自分の下半身と向き合い、コンプレックスも長所も観察し、記憶しておきましょう。自分の下半身のシルエットを「魚拓」のように白い紙に投影するイメージを持つとやりやすいです。

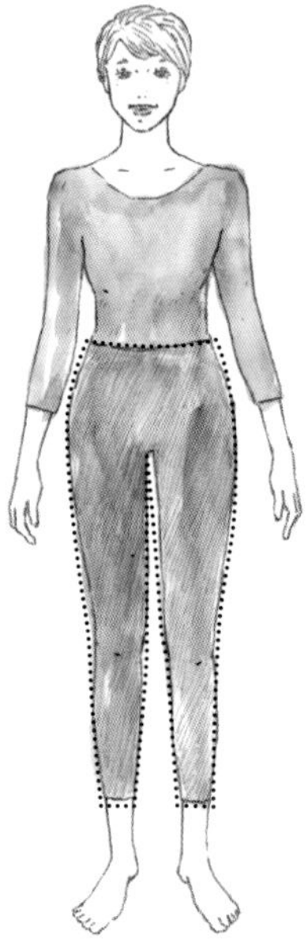

できれば、黒いタイツやレギンスに、黒いTシャツを着て鏡の前に立ってみて。前だけでなく、横からや後ろ姿も全身くまなくチェックし、体のラインを把握することをおすすめします。

コンプレックス別パンツの選び方

パンツがカッコよくはけないという方は、あなたの下半身の体型に、似合うパンツを選んでいないから。シルエットと合わせて素材感も、悩みをカバーするための大切なポイントです。

太ももが張っている

少し厚みのあるジョーゼットなどの素材を選び、腰から太ももにかけてのゆとりがあるパンツがおすすめです。タック入りの場合はヒダが多すぎないものを選びましょう。

腰が張っている

とろみのある生地を選ぶことをおすすめします。腰回りにはヒダが入り、少しゆったりとしていながらくるぶしに向けて細くなるタック入りのテーパードパンツなら、無理なく美しくはけます。

お腹&脚が太い

お腹まわりから下半身にかけて全体的にボリュームのある方は、腰回りに適度なゆとりがあって体型をカバーでき、かつ一番細い足首を強調できるワイドクロップドパンツやイラストのようなジョグパンツがおすすめです。

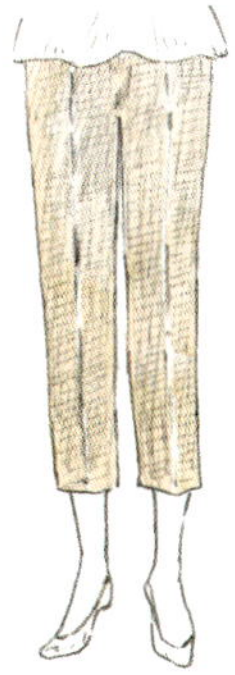

下半身が貧弱

厚みのある素材やツイードなど織りのある素材のパンツを選ぶのがおすすめです。素材で適度なボリューム感を出すことで、細すぎる下半身をカバーできます。

背が低い

クロップドパンツやカプリパンツなどの足首が出る、短め丈のパンツを選ぶと全身で見た時のバランスが取りやすくおすすめです。長めの丈の時は裾を折るなど工夫しても。

背が高い

フルレングスや九分丈のパンツをおすすめします。カプリパンツなど短めの丈のものは中途半端で寸足らずな印象になりがち。短めの丈のパンツをはく時は足元にボリュームを。

パンツの試着で気をつけること

パンツを買う時は試着をすることが大前提。ですから疲れ気味の日ではなく「パンツを買うぞ！」という元気のある日に臨みましょう。最低でも３枚は試着し、はき比べてからの購入をおすすめします。

Point 1

自分の下半身のシルエットに近いパンツを探す

まずは、自分の下半身のアウトラインを思い浮かべ、それになるべく近いシルエットのパンツを探しましょう

Point 2

鏡から離れて全身のバランスをチェック

試着をしたら鏡から1.5m以上離れ、全身のバランスを見ます。身長に対して丈が短すぎないか、太すぎないかなどをチェックしましょう。

Point 3

ディテールをチェック

腰回りや膝の裏などに変なシワがよっていないか細かくチェックしましょう。タック入りの場合は、きつくてタックが開きすぎていることのないように。

Point 4

動きやすさをチェック

その場で歩いたり屈伸をしてみて、ウエスト回りや腰回り、太ももなどが窮屈でないかなど確かめます。少しぴったり目に感じるパンツも一度の屈伸でなじむことも。

Point 5

後ろ姿をチェック

必ずチェックして欲しいのが後ろ姿。前から見てOKでも、お尻が大きく見える、垂れて見えるなど後ろ姿が不格好なら再検討の余地ありです。

Point 6

一番細い部分が見えている丈かチェック

カプリパンツやクロップドパンツなど短め丈パンツを買う時は、足首の一番細いところが見えているような丈かどうかもチェックしましょう。

Point 7

試着時のトップスや靴にひきずられないように

その時に着ているトップスや履いている靴とのバランスに引きずられないことも大切です。よく履く靴、合わせたい靴とのバランスを考えて購入しましょう。

Point 8

コーディネートが3通り以上浮かべばOK

以上のポイントに加え、手持ちの服とのコーディネートが3通り以上浮かぶようでしたら購入を検討しましょう。

ベーシックな定番パンツが見つかる

SHOP LIST

パンツ好きな私がおすすめする、シンプルでシルエットの美しいキレイめなパンツが揃うショップ、コストパフォーマンスに優れたショップをご紹介します。

Shop 1 バーニーズ　ニューヨーク 銀座本店

トレンドを意識しつつも上品さを感じさせるパンツが豊富。細かなディテールへのこだわりや質のよい生地使いでクオリティが高い。

住所：東京都 中央区 銀座 6-8-7 交詢ビル
☎：0120-137-007　営業時間：月～木・日 11:00 ～ 20:00
金・土 11:00 ～ 20:30

Shop 2 デ・プレ 丸の内店

20 代～ 40 代以降まで幅広い年齢層が着られる、きれい目で上品に着こなせるパンツが色、形共に豊富に揃う。

DES PRÉS

住所：東京都千代田区丸の内 2-4-1 丸の内ビルディング 1F
☎：03-5220-4485　営業時間：11：00 ～ 21：00
日祝日 11：00 ～ 20：00

Shop 3 インコテックス

ヴェネツィアで創業。厳選された素材、洗練されたラインの主役級パンツが揃うブランド。百貨店、セレクトショップで出会えます。

INCOTEX
A SLOWEAR BRAND

スローウエアジャパン
☎：03-5467-5358

Shop 4 バナナ・リパブリック 六本木ヒルズ店

比較的リーズナブルながら、ラインのきれいなセンタープレスや、同生地で別デザインのパンツが揃う。トレンドのバランスも程よい。

住所：東京都港区六本木 6-2-31 六本木ヒルズタワー 1F・2F
☎：03-5412-6641　営業日時：11:00 ～ 20:00（六本木ヒルズの営業時間に準じる）

Shop 5 ZARA 銀座店

週 2 回新作が入り、大人の女性が楽しめるアイテムが豊富で、試着してみるといつも新鮮な出会いが。特にデニムはおすすめ。

住所：東京都中央区銀座 7-9-19
☎：03-3571-3311
営業日時：平日 10：30~21：00　土日祝 10：00 ～ 21：00

Shop 6 ユニクロ 銀座店

ベーシックで上質なアイテムや、トレンドのアイテムも揃う。手に取りやすい価格なのも魅力的。白パンツを探すときはまずここから！

住所：東京都中央区銀座 6-9-5 ギンザコマツ東館 1F － 12F
☎：03-6252-5181　営業日時：11:00 ～ 21:00

Theory

大人のデニムは"清潔感“を大切に

トレンドよりも体型に合うものを
カジュアルすぎずキレイめに

若い頃は着こなしの主役であったデニムも、大人になるにつれ、徐々にわき役へとシフトしていきます。40歳を過ぎたらデニムはカジュアルダウンするためのツールとしてとらえましょう。私は、大人のデニムこそユニクロやZARAなどのプチプラでもじゅうぶんだと思っています。

選ぶ時はトレンドのシルエットよりも自分の体型に合うものを選びましょう。トレンドのハイライズはぽっこりお腹を強調しますし、細く見せようとはいたスキニーが膝の上の肉を拾い、かえって太く見えるなんてことも。そして、大人の女性へのおすすめはホワイトデニム。ブルーデニムに比べて色落ちやダメージもなく、清潔感があってキレイめにはけるところがポイントです。ただし白は汚れや黄ばみが目立ちます。私はつねに真っ白な状態ではいていたいので、ホワイトデニムもプチプラのものから選び、定期的に買い替えるように心がけています。大人のデニムの着こなしに必要なのは、トレンドよりも清潔感であることをお忘れなく。

Vest ／ミラオーウェン
Knit ／ドゥーズィエムクラス
Pants ／ユニクロ
Shoes ／ザラ
Bag ／トッズ

デニム選びのポイント

流行のシルエットより、自分の体型に合う１枚を色・素材まで吟味して選びましょう。つい手を伸ばしたくなるはき心地の良さも大切なポイントです。

Point
1

素材

筋肉質で肌質に張りのある方は肉を拾いやすいので、少し硬めで、ストレッチの少ない素材を選びましょう。反対に筋肉が少なく、肌質が柔らかい方はストレッチが多く入った柔らかめの素材の方がきれいに着こなせます。私は少し硬めの素材で、ポリウレタン２%以内にこだわっています。

Point
2

ポケット位置

ポケットの位置によってお尻が垂れて見えたり、横に広がって大きく見えたり、実は後ろ姿を左右する大切なポイントです。必ずチェックしましょう。また、過剰なステッチや飾りのあるものは合わせるトップスを選ぶので要注意です。

Point
3

色

デニムは色が薄いほどカジュアルな印象になります。カジュアルに着たいなら、洗いがかかっていたり、わざと色褪せさせた薄い色、キレイめに着こなすなら色落ちの少ない、濃い色がおすすめです。

Point
4

クラッシュ

最近ではヴィンテージ加工やクラッシュ加工のデニムが主流となってきていますが、加工が過剰であったり不自然すぎるものは避けた方が良いと思います。あくまで下品に見えない程度のものを選ぶようにしましょう。

 右からザラ、ユニクロ、無印良品

Theory

いざという時に味方になってくれるスカートを持つ

女らしく美しく見せてくれる
自信が持てる1枚を選ぼう

　私のようなパンツ派でも仕事上、また子供や家族の行事でスカートをはかなくてはならない日があります。そんな時に困らないように、いつものパンツをスカートに替えるだけでコーディネートが成り立ち、スタイルよく見える、軸となるスカートを1枚持っていると便利です。私の場合は、膝にかかる丈のタイトスカートがそれ。ラインの美しいものを吟味して、黒、ベージュ、白を揃えるようにしています。大人の女性は、膝が黒ずんできたり、膝上に肉がついてきたりするので、膝が隠れる、もしくはかかるくらいの丈がおすすめです。

　また、スカートを敬遠してしまう理由のひとつが、着丈から靴までの問題。特に大人の女性は、素足では冷えるし、かといってストッキングはできればはきたくない。若い頃なら多少太くとも思いきって露出できた足も、なるべく隠したい。そんな理由からタイツをはける冬、もしくは素足でも過ごせる夏以外はスカートをはかないなんて話も耳にします。スカートの時は、合わせるストッキングやタイツの色や素材、靴選びも重要なポイントです（P 47）。

Knit ／ドゥーズィエムクラス
Skirt ／スピック＆スパン ノーブル
Shoes ／ユナイテッドアローズ
Bag ／アニヤハインドマーチ

コンプレックス別スカートの選び方

スカートを味方につけ、よりスタイルアップして素敵に見せるためには、
自分の体型に合ったシルエットや丈選びが重要なポイントです。

お腹&ももが太い

お腹回りと太ももにボリュームがあり、座るとスカートが上がってしまう方は、腰回りがゆったりし、かつそこまでボリュームが出て見えないコクーンシルエットのスカートがおすすめです。

腰が張っている

腰骨やももの横が張っている方は、タイトスカート以外のものを選ぶと良いでしょう。タックが入ったギャザースカートや、フレアスカートなどがおすすめです。フェミニンになりすぎないシルエットを選ぶのがコツ。

お腹が出ている

お腹を隠すつもりでギャザースカートなどを選ぶとかえってボリュームが出てしまいます。適度なハリ感のある素材のタイトスカートでお腹回りをスッキリ見せましょう。

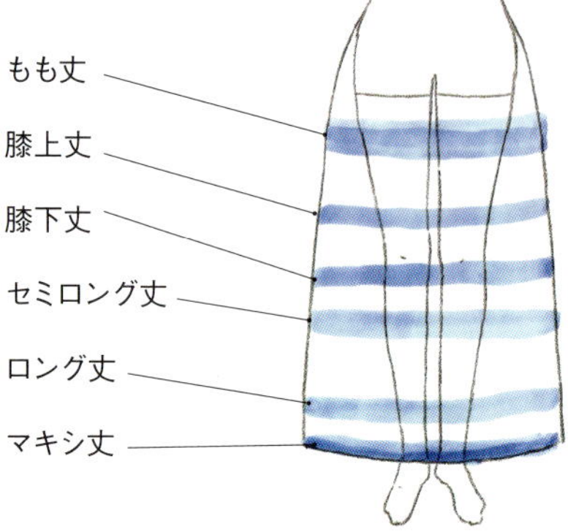

あなたに似合う
スカート丈を見つける

スカートスタイルの印象を左右する着丈。P82 からご説明する骨格スタイル分析によっても似合う着丈は変わります。ストレートタイプはひざ丈かロング丈、ウェーブタイプはもも丈（ミニ）かセミロング丈、ナチュラルタイプはロング丈やマキシ丈が得意ですので、参考にしてみてください。

スカートの足元ルール

スカートをはいた時、細心の注意を払うべきは靴までの部分。ストッキングをはくなら素肌感に、タイツならスカート、そして靴との色合わせにじゅうぶん気を配りましょう。

SPRING & SUMMER

○

ナチュラルストッキングは、肌の色と同じ、もしくはワントーン濃いめを選び、はいていることを感じさせない素肌っぽい薄手のタイプがおすすめ。私はランバンのストッキングを愛用しています。

×

厚手のタイプや強いサポート力をうたったストッキングは、はくと変に光沢が出たりして一気に老けた印象になります。白すぎる色を選ぶのも、脚が太く見えるので要注意。

AUTUMN & WINTER

○

タイツの場合は、スカートと同色か、靴と同色を選びましょう。スカート、タイツ、靴が同色なら、さらに足元がスッキリして美しく見えます。

×

デニムスカートに黒タイツ、そして全く異なる色のスニーカーを合わせるなど、何にでも黒タイツを合わせていませんか。スカート、タイツ、靴と色が変わるごとに視線が分断され、脚が短く見え、エレガントさを感じません。

タイトスカートの着回し

シンプルで体型に合ったタイトスカートを１枚持っているとカジュアルからフォーマルまで対応できます。私の場合は仕事にも着られる黒が最も出番が多く、重宝しています。

SPRING &
SUMMER

きれいめ

上下黒の組み合わせはフォーマル感がアップ。インパクトのある小物をスパイスに、ノースリーブで抜け感を出したシックな着こなし。

Knit／ジョセフ
Skirt／ユニクロ
Shoes／ユナイテッドアローズ
Necklace／ティファニー
Bag／ランバン

カジュアル

黒の分量を減らし、Tシャツやサンダル、ラフィア素材のバッグなど白とベージュを加えることで、カジュアル感を出して。

T-Shirt／オーラリー
Skirt／ユニクロ
Shoes／ジャックロジャース
Necklace／ノーブランド
Bag／ブジバジャ
Sunglasses／フェンディ

Black

AUTUMN & WINTER

きれいめ

ビジネスシーンにぴったりな、メンズライクなピンストライプのジャケットを羽織った時は、黒いタイトスカートで女らしさを演出。

Jacket／ラルフローレン
Knit／スリードッツ
Skirt／ユニクロ
Shoes／ユナイテッドアローズ
Necklace／日貿真珠
Bag／アニヤハインドマーチ
Stole／ノーブランド

カジュアル

パーカーなどのカジュアルなアイテムも、インナーを上下黒にすることで適度なきちんと感が保て、大人の着こなしに。

Parker／ドレステリア
Knit／ドゥーズィエムクラス
Skirt／ユニクロ
Shoes／アクネ
Necklace／ノーブランド
Bag／ドレステリア

Chapter 2

ベーシックカラーを着こなす

B	A	S	I	C	
C	O	L	O	R	

Theory

大人のおしゃれに欠かせない ベーシックカラー

飽きずに永くつき合え、着回せるのは やっぱりベーシックな色

ベーシックカラーとは、白、グレー、ベージュなどの茶系、カーキやオリーブ、ネイビー、黒などの色をさします。私の場合、クローゼットのほとんどがベーシックカラーです。一時期、カラフルな服に惹かれて手を出した時期もありましたが、すぐに飽きてしまいましたし、着た時の印象が強すぎてコーディネートがあまり広がりませんでした。たくさんの失敗を経て、結局ベーシックカラーに戻ってきた感じがします。

たまに夏など、猛烈にカラフルな色合いのものが着たくなる時は、いつものベーシックカラーと上手くなじませることで、自分らしい着こなしになるように心がけています。普段はアクセサリーやストールで色や柄のあるものを加えたり、マニキュアやリップを赤にしてみたり、その程度でじゅうぶん。ただし、バッグを開けた時にちょっぴりワクワクするように、財布やポーチは好きな黄色で揃えています。

ベーシックカラーの服がベースとなったワードローブは、コーディネートがしやすく、浮いてしまうこともなく、いつも心地よくいられます。何より大人の女性をセンスよく、知的に見せてくれます。

右上から反時計回りに
Coat ／ハイク
Shirt ／ビームス
Scarf ／マニプリ
Jacket ／ハイク
Hat ／ノーブランド
Cut sew ／アストラット、ユニクロ
Skirt ／ガリャルダガランテ
Shoes ／サンローラン
Shoes ／三越伊勢丹
Bag ／フェンディ
Card Case ／エルメス
Pocket Book ／エルメス
glasses ／ DITA
Wallet ／アニヤハインドマーチ

ベーシックカラーこそ微差にこだわる

ベーシックカラーばかりのワードローブになって、色の微妙な違いに敏感になりました。それを学びたいがために絵の具での混色を数年間習ったほど。シンプルだからこそ、色の微差に気を配るとコーディネートがぐんとアカ抜けます。

Beige

ベージュはもともとオレンジや黄色に黒やグレーを混ぜた色。濁り具合や明るさによっては苦手だという方も多くいらっしゃいます。ベージュと言っても黄みの弱いピンクベージュから、比較的はっきりとしたキャメルやテラコッタと幅広いので、自分に似合う色みを比較して選ぶとよいでしょう。

BASIC COLOR

gray

白と黒だけで作られた単純なグレーは意外と少なく、服のグレーは実は複雑な色。ほんのり黄みがかっていたりと微妙に色が混ざりあってできています。例えばコンクリートのグレーとゾウの肌のグレーは違います。微妙な色の違いに敏感になり、自分に似合うグレーを知ると洗練されたオシャレが実現します。

Navy

ネイビーなんてどれも同じでは？と思われがちですが、青に黒を足して作られるダークネイビーや、ほんのり紫がかったネイビーもあり、よく見ると微妙に違うのに気づきます。赤みがかった色が得意な人は上左側の赤みのあるネイビーがおすすめです。

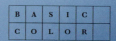

White

白が持つ清潔感や圧倒的な存在感はベーシックな着こなしに不可欠です。ピュアホワイトからオフホワイトまで幅がありますが、自分の肌の色との相性を見極めれば、カジュアル、ドレスアップとシーンを選ばず味方になってくれる優秀な色です。

ベーシックカラーの配色レッスン

ベーシックカラー同士のコーディネートは、上手くいけば洗練されて見える反面、地味で単調になってしまう危険も。色の合わせ方、色の分量のバランスなどを注意して。

Lesson

1

同系色でまとめる

全身同じ色合いでまとめたコーディネート。色味を合わせ、素材を変えることで単調になりがちなコーディネートに奥行きを出します。

BLACK

BLACK

黒×黒

黒のワントーンコーディネートは、素材を変えたり、ちょっぴりシャープで個性的な小物づかいで、キレのある脱無難な仕上がりに。

Jacket ／パンセ
Knit ／ドゥーズィエムクラス
Pants ／ザラ
Shoes ／チャーチ

WHITE

WHITE

白×白

オフホワイトでまとめたコーディネート。白の微妙な色味をきちんと合わせてコーディネートするのが失敗しないコツです。

Knit ／ヴィンス
Pants ／セオリー
Shoes ／ファビオルスコーニ
Scarf ／ドロワー

Lesson

2

同系色でコントラストをつける

同系色の濃淡で、陰影をつけるような感覚でコーディネートします。より濃い色を合わせるとコントラストがはっきりとしてきます。

BEIGE

BROWN

ベージュ×茶色

スカーフ、バッグ、靴をこげ茶にし、ベージュを引き締めています。より濃い色を選ぶことでメリハリのあるコーディネートに。

Cardigan／ロンハーマン
T-Shirt／無印良品
Pants／ボールジィ
Shoes／ナインウエスト
Scarf／エルメス
Bag／サンローラン

BEIGE

CAMEL

ベージュ×キャメル

ベージュのワントーンコーディネートに少しだけ濃い色合いのバッグと靴でコントラストをつけて、上品な立体感を出して。

Cardigan／ロンハーマン
T-Shirt／無印良品
Pants／ボールジィ
Shoes／ジミーチュウ
Stole／エルメス
Bag／サンローラン

Lesson

3

対照的な色でコントラストをつける

紫と黄色のような、いわゆる補色・反対色と言われる色同士を組み合わせて、コントラストを付けた例。ベーシックカラー同士では以下のような組み合わせがあります。

NAVY
CAMEL

ネイビー×キャメル

個人的に大好きな組み合わせ。ネイビーは似合うけどベージュは…、ベージュは似合うけどネイビーは…なんて方にも挑戦しやすい配色です。

Knit／無印良品
Pants／バッカ
Shoes／ユナイテッドアローズ
Bag／トッズ

WHITE
BLUE

オフホワイト×ブルー

黄みを帯びたオフホワイトと褪せたブルーもじつは対照的な組み合わせ。こなれ感がただよいます。小物まで色みを統一すると洗練された印象に。

Knit／ヴィンス
Pants／ザラ
Shoes／ファビオルスコーニ
Stole／ドゥロワー
Bag／ボッテガヴェネタ

Lesson

4

白もしくは黒を加える

ベーシックカラーに無彩色と呼ばれる白もしくは黒を加えた例。白を加えるとカジュアル感が増し、黒を加えるとかしこまった印象に。

BEIGE

BLACK

ベージュ×黒

上下ベージュでまとめたカジュアルなコーディネートも黒い小物を加えると全体が引き締まり、ドレスアップした印象になります。

Knit／ウィムガゼット
Pants／無印良品
Shoes／ユナイテッドアローズ
Necklace／シトラス
Bag／ノーブランド

NAVY

WHITE

ネイビー×白

白はカジュアル感を演出するのに効果的な色。ちょっと堅苦しいコーディネートだなと感じたら白い小物をプラスしていくのがおすすめ。

Knit／ザ シークレットクローゼット
Pants／ミラオーウェン
Shoes／ファビオルスコーニ
Scarf／エルメス
Bag／ジルサンダーネイビー

Chapter 3

ライフスタイルに合わせた ワードローブのつくり方

W	A		R	O	
	R	D		B	E

Theory

大人のおしゃれには ライフ・ファッションバランスが必要

理想は、現在のライフスタイルと なりたい自分を合わせた服

あなたのクローゼットに並ぶ服は、今のあなたの生活に合うものでしょうか？　子育て中の専業主婦の方が、会社勤めをしていた頃に買ったスーツをどんなに沢山持っていても着る機会はそうそうありませんし、仕事で人前に立つことの多い方が、好きだからとデニムなどのカジュアルな服ばかりを持っていても役にはたちません。大人のオシャレには、ただ好きという基準だけでなく今の自分が置かれている立場や、どんなシーンが多いかというライフスタイルと合致していることが大切だと思います。それを私はライフ・ファッションバランスと名付けています。

子育て渦中の専業主婦の方も、仕事で責任のあるポストを任されている方も、ライフ・ファッションバランスを考え、それぞれの生活シーンを思いっきり楽しめる服を身につけていて欲しいと思います。さらに、自分がどうありたいか、どんなふうに見せたいか、現在のライフスタイルとそれにプラスして少し先の自分が掲げる、理想とするイメージを加味して、自分自身を表現するためのおしゃれを心がけましょう。

ライフシーンとワードローブのバランスを整える

あなたのライフシーンに多いスタイルは？

あなたはどんな場所で、どのように過ごすことが多いでしょうか？　自分のライフスタイルのパーセンテージと、クローゼットのパーセンテージが合致していることが重要です。さらに、その条件のもとで自分自身が心地良く過ごせているか、も考えてみましょう。

Scene 1

- ☑ 産後間もない
  もしくは子供が小さい
- ☑ 子供の送り迎え
- ☑ ワンマイル

ELEGANCE **0%**
CASUAL **100%**

カジュアル

アクティブに行動するシーンが多い場合は、動きやすく汚れても惜しくない服をそろえる必要があります。ここはプチプラで楽しく過ごす、と割り切るのも手。

Scene 2

- ☑ 通勤や打ち合わせが多い
- ☑ プライベートのお出かけ

ELEGANCE **50%**
CASUAL **50%**

キレイめ

センタープレスパンツやタイトスカートなど、ラフすぎずフォーマルすぎない服が必要。小物セット（P70）を充実させて、カジュアル寄りにも、フォーマル寄りにも表情を変えられるようにしておくのがおすすめ。

Scene 3

- ☑ 学校行事
- ☑ プレゼンが多い
- ☑ きちんとしたお出かけ

ELEGANCE **100%**
CASUAL **0%**

フォーマル度高め

ジャケットや、とろみ素材など素材にフォーマル感のある服、きちんと感を演出してくれるバッグや靴、スカーフなどの小物が必要。肌の露出が多すぎない服を持っておくことも大事。

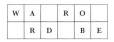

Theory

軸となるボトムスは
ライフシーンに合わせた2〜3枚を

自分らしく過ごせるなら
すべて同色パンツで揃えてもOK

あなたの日常にはどんなシーンがありますか？　例えば家庭があり、小学生以上の子供がいて、仕事を持つ女性の場合でしたら、職場で働くシーン、子どもの学校に行くシーン…などが考えられます。その場合、先述した軸となるパンツ、ベーシックカラーのキレイめの細身のパンツを1本持っていればたいていのシーンに着まわすことができます。さらに余裕があれば、想定できるシーンによりふさわしい素材やデザインのものを2〜3枚、自分が着回しやすい色で揃えておくと便利です。

子供と遊んだり、屋外に出掛けることが多いのであればよりカジュアルなデニムを、女友達とのランチや夫婦で観劇なんてシーンが多いのであれば、とろみのある素材の少しエレガントなパンツをといった具合です。

「黒のパンツは１枚あるから、次はトップスを買おう」ではなく、自分の生活シーンにより寄り添う素材・シルエットの別の黒のパンツを揃えておくと、オンもオフも自分らしくいられます。いつも同じ服なの？　と思われるかもしれませんが、計画的な「同じ服」は大いに歓迎すべきだと思います。

左からユナイテッドアローズ、ユナイテッドアローズ、ザラ

例えば… 3本の白パンツを ライフシーンに合わせて着回す

「とろみのあるフルレングスパンツ」「コットンのセンタープレスパンツ」「デニム」と素材・シルエットの異なる3本の白パンツを、すべて同じネイビーのトップスでコーディネート。

キレイめ

コットンのパンツも、ヒールの靴とクラッチバッグを合わせれば、女友達とのランチスタイルなどのちょっとしたお出かけに。

Knit／ユニクロ
Pants／ユニクロ
Shoes／ペリーコ
Necklace／ファビアナフィリッピ
Bag／アニヤハインドマーチ

エレガント

とろみのあるフルレングスのパンツは、トップス次第ではかなりエレガントに。ニットにスカーフをあしらい、少しかしこまったディナーへ。

Knit／ユニクロ
Pants／セオリー
Shoes／ペリーコ
Scarf／エルメス
Bag／ステラマッカートニー

カジュアル

大人のカジュアルはこのくらいシンプルで小ぎれいに仕上げたい。白デニムは汚れてもOKなプチプラから選ぶのがおすすめ。

Knit／ユニクロ
Pants／ユニクロ
Shoes／コンバース
Bag／ドレステリア
Stole／ビューティ&ユース

キレイめカジュアル

フラットな紐靴を合わせてよりカジュアルに。白が持つ清潔感と爽やかさで、ショッピングや人と会うなんてシーンにも対応できます。

Knit／ユニクロ
Pants／ユニクロ
Shoes／ファビオルスコーニ
Necklace／トゥモローランド
Bracelet／エルメス
Bag／トッズ

Theory

ライフシーンに合わせた小物セットを持つ

色別・シーン別小物セットでコーディネートが断然ラクになる

日々のコーディネートに迷わないためには、シーンごとに必要な小物をセットで揃えておくことをおすすめします。靴、バッグ、ストールやスカーフもしくはネックレスをセットにし、白・黒・茶・ベージュ・ネイビーなどのベーシックカラーの色別で揃えておくと、とても便利です。私のようなベーシックカラー好きの方はもちろん、服がカラフルな方も、小物をベーシックカラーで揃えることで、大人の女性にふさわしい調和が生まれ、派手さが抑えられるので、年相応の装いになると思います。さらに各色ごとに、カジュアル、きれいめとシーン別に用意しておけば完璧です。

服自体はベーシックで数が少なくても、小物セットでアレンジすることで印象を変えられるので、シチュエーションに合わせてわざわざ服をそろえるという手間もお金も省けます。

BLACK
ACCESSORIES

自分なりのスパイスを効かせるため、スタッズのついた靴や、それと相性の良いシルバー小物を用意。右と同じバッグは持ち手を付け替えて。

Bag ／アニヤハインドマーチ
Shoes ／チャーチ
Watch ／ダニエルウェリントン
Necklace ／ティファニー
Bracelet ／ティファニー、ドゥーズィエムクラス、フィリップ オーディベール
Ring ／ノーブランド

小ぶりの黒バックはシーンを選ばず使用頻度も高いので持っていると便利。コンサバになりすぎないよう若々しいブランドから選択。

Bag ／アニヤハインドマーチ
Shoes ／ユナイテッドアローズ
Pierced Earrings ／ティファニー
Ring ／アッシュペーフランスビジュー
Necklace ／ノーブランド

Casual ―――― *Elegant*

大人のカジュアルなら靴、バッグどちらかにヒョウ柄などパンチの効いたものを持ってくるのも手。あくまで上品さを失わない程度に。

Bag ／サンローラン
Shoes ／バーニーズ

ベージュの引き締め役として重宝。ベージュが苦手な方はグレーやネイビーにも好相性です。黒よりもカジュアルな印象になります。

Bag ／サンローラン
Scarf ／エルメス
Shoes ／ナインウエスト

BROWN
ACCESSORIES

NAVY
ACCESSORIES

バッグと靴を合わせなくても、ストールと靴とのセットでもOK。大人仕様のチェックストールは1つあると便利。

Shoes／コンバース
Stole／ビューティ&ユース

コンサバになりすぎないよう、デザイン・素材選びに気をつけたい。堅苦しくなりがちなので靴はスウェードで柔らかさを加味。

Bag／ステラマッカートニー
Shoes／ペリーコ

Casual — *Elegant*

思いっきり夏らしさを感じる素材を合わせた、夏のカジュアル用セット。シンプルな装いもこのセットがあればリゾート気分に。

Bag／ノーブランド
Shoes／ジャックロジャース
Necklace／ローズバッド

光沢がありすぎる素材はチープに見えるので要注意。マットで上品な質感のものを選べば、少しカジュアルなシーンにも対応できます。

Bag／アニヤハインドマーチ
Shoes／ナノユニバース
Bracelet／ノーブランド

WHITE
ACCESSORIES

FAVORITE COLOR
ACCESSORIES

黄みの強い茶系は自分に似合う色なので、セットで用意。キャメルよりもエレガントに仕上がるので重宝しています。

Bag ／フェンディ
Shoes ／ペリーコ

キャメルは個人的に一番好きな色なのであらゆるシーンに対応できるようバリエーションを揃えています。暗くなりすぎない色選びがポイント。

Bag ／トッズ
Shoes ／ユナイテッドアローズ
Shoes ／パロミタス
Bracelet ／エルメス

PARTY
ACCESSORIES

華やかなシーンでは、スタッズやアンティークっぽい光りものを加えて、上品さを保ちながら大人のカッコよさを演出するのが私流。

Bag ／ランバン
Shoes ／セルジオロッシ
Pierced Earrings ／ドゥーズィエムクラス

FRINGE
ACCESSORIES

コンチョベルトとフリンジグッズは昔から大好き。アクセントとしても優秀です。やりすぎにならない大人っぽいさじ加減が重要です。

Bag ／サンローラン
Shoes ／アクネ
Belt ／ラルフローレン

小物を変えるだけで着こなしがこんなに変わる

黒いトップスにデニムのシンプルな着こなしも、合わせる小物次第でこんなに印象が変わります。シンプルベーシックなスタイルこそ小物選びが大切なポイントです。

Change!

1

夜のお出掛けには、上品に光るピアスにメタリックなパンプス、スタッズつきのクラッチで大人のカッコ良さ、華やかさをプラス。

Tops／ドゥーズィエムクラス
Pants／ザラ
Shoes／セルジオロッシ
Pierced Earrings／ドゥーズィエムクラス
Bag／ランバン

Change!

2

大きめストールをラフに巻いて大好きなフリンジ小物を効かせた初秋の着こなし。まだまだ暑さの残る日はストールで温度調節。

Tops／ドゥーズィエムクラス
Pants／ザラ
Shoes／アクネ
Scarf／エルメス
Bag／サンローラン

Chang

3

黒をベースにした夏の大人カジュアル。個人的に黒は苦手な色なので、必ずピアスやネックレスで顔回りに明るさ、光をプラスします。

Tops ／ドゥーズィエムクラス
Pants ／ザラ
Shoes ／パロミタ
Bag ／エバゴス

W	A		R	O	
	R	D		B	E

Theory

3ヶ月に一度、シーズンの前にクローゼットを見直す

オシャレ上手になる近道はクローゼットを整えること

あなたのクローゼットは、今のあなた自身、ひいては人生そのものをあらわしています。そこに並ぶアイテムは、好きなもの、よく着ているもの、ライフ・ファッションバランスに合っているもので占められていますか？　クローゼットが今着られるお気に入りの現役アイテムだけになれば、手持ちの服が一目瞭然となり、コーディネートに悩む時間もなくなり、無駄なスペースも必要なくなります。なによりもクローゼットがパワースポットになり、毎日を心地よく過ごせるようになります。

そのためには、まず今あるアイテムすべてを一度クローゼットから出して、何を持っているのか把握してみましょう。その後、選ぶ→分ける→しまうの手順で整理していきます。捨てると思うとネガティブにとらえられがちですが、あくまであなたが心地よくいられるために「選ぶ」、ポジティブな作業なのです。まずはすべての服を出してみて、現実を直視し、持っているものを把握することからスタートです。

W	A		R	O	
	R	D		B	E

クローゼット整理の3つの手順

使いやすいクローゼットの仕組みを作るために、私が日頃クローゼットオーガナイズで用いているメソッドを簡単にご紹介します。まずは根気よく１枚１枚と向き合い、「選ぶ」ところからスタートしましょう。

Step

1

選ぶ

クローゼットの中の服を残らず出したら、左のマトリックスにそって選びとっていきます。すべてをいっぺんにやるのが大変であれば、１日何分と時間を決め、今日はTシャツ、明日はパンツと毎日少しずつ「選ぶ」作業を進めましょう。

その際、１枚につき所要時間は３秒が日安。悩んだ時は、横によけておき、最後にもう一度着てみましょう。「何だかしっくりこない」「何だか変」と思ったら、きっとこれからも活躍の場はありません。保管対象となった右下のアイテムは、「使う時」がくるまでわかりやすく保管しておきます。

Step

2

分ける

マトリックスの右上と左上の「クローゼットに戻す」となったアイテムはとりあえず元の置き場所に仮置きしてみます。その際にＴシャツ、ニット、パンツとわかりやすく種類ごとにグルーピングします。

Step

3

しまう

クローゼットに仮置きし、実際に数日使ってみて置き場所を改善した方がよければ別の場所に移動します。シミュレーションを繰り返し、最もよい置き場所が決まったら、そこに住所を定め、収納方法を決めます。その時もいきなり収納グッズを買うのではなく、似たようなものでシミュレーションし、よければ買うようにしましょう。

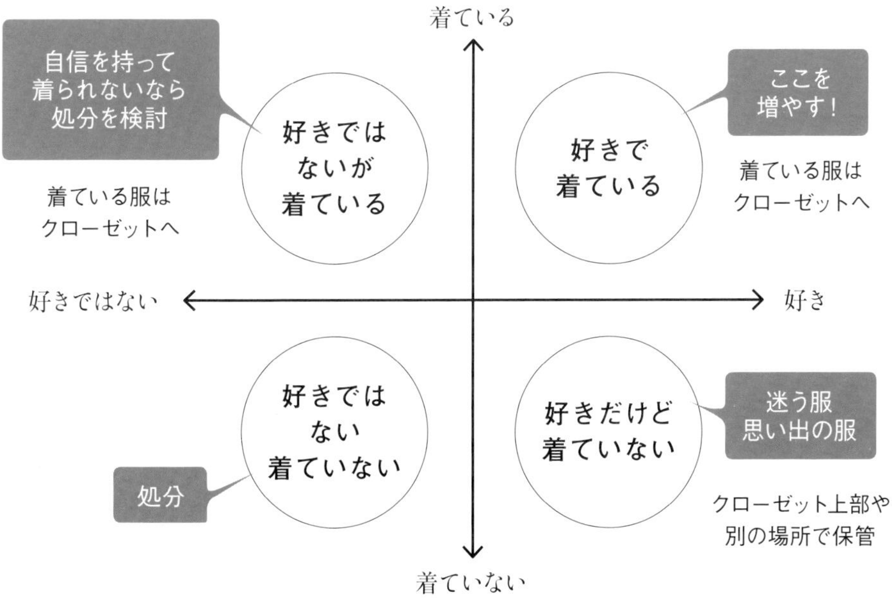

選ぶときのポイント!!

- ☑ まずは選ぶを終わらせる
- ☑ 迷うのは最後
- ☑ 迷ったら写真に撮る
- ☑ 迷ったら次の日に着てみる
- ☑ 何か変…は残さない

Chapter 4

自分らしい着こなしを見つける

M	Y			Y	
		S	T	L	E

Theory

あなたの骨格スタイルを診断しましょう

Check Sheet A

- □ 筋肉がつきやすい
- □ 首が短め
- □ 肉体に厚みがあり立体的
- □ 鎖骨が目立たない
- □ 身長に対して手足が小さめで手に厚みがあり弾力がある
- □ ふんわりブラウスよりシンプルなシャツがきまる
- □ Vネックのトップスを着て寂しくならない
- □ センタープレスのパンツがきまる
- □ フリルやリボンのある服を着ると幼く見える
- □ シワ加工のシャツがだらしなく見える
- □ 重ね着をすると着太りしてみえる
- □ チュニックを着ると妊婦さんのように見える
- □ ダウンコートを着ると着太りして見える
- □ ミニスカートで太ってみえがち（バランスが悪い）
- □ ハイウエストがバランス悪く着太りして見える

Aが多い→

ストレートタイプ(P86)

理論に基づいた似合うを知れば もっとオシャレに素敵になれる

胸にフリルのついたフェミニンなブラウスが好きなんだけど、着るとなんだか太って見えしっくりこない。シンプルなシャツが好きなんだけど着ると貧相に見えてしまう…。好きで選ぶ服がどうも似合わないと日頃感じている方も多いのではないでしょうか。

人にはそれぞれ持って生まれた骨格、筋肉や脂肪のつき方に特徴があり、似合う服も異なります。その“似合う”や“似合わない”を理論的に判断するのが「骨格スタイル」の診断です。まずは左のチャートの当てはまる項目をチェックしてみましょう。

※本書でお伝えしている骨格に関する内容は、著者が学んだ一般社団法人骨格スタイル協会のメソッド・監修をもとに制作したものです。

Check Sheet C

- □ 骨格がしっかりしている
- □ 指の関節が目立つ
- □ 手のすじが太め
- □ 肩の骨（関節）が大きめ
- □ 身長に対して手足が大きめだったり手足が長めだったりする
- □ 麻シャツやシワ加工のものがきまる
- □ かっちりしたスーツが苦手
- □ ざっくりニットがきまる
- □ 重ね着をしても着太りして見えない
- □ キラキラしたアクセサリーが浮いてみえる
- □ ロングカーディガンや着丈が長いものでバランスがとれる
- □ ガウチョパンツやワイドパンツがきまる
- □ バッグは小さめより大きめの方がバランスがよい
- □ 身体にピッタリした服を着ると身体が大きく見えがち
- □ ローウエストでもだらしなくならずバランスがとれる

C が多い →
ナチュラルタイプ(P90)

Check Sheet B

- □ 筋肉がつきにくい
- □ 首が長め
- □ 身体が薄めで下重心
- □ 鎖骨が華奢に出ている
- □ 身長に対して手足が小さめで手がふんわりしている
- □ シンプルなシャツよりふんわりブラウスがきまる
- □ Vネックのトップスを着ると寂しく見える
- □ ツイードのノーカラージャケットがきまる
- □ パンツスタイルだとスタイルが悪く見えがち
- □ デニムがきまらない
- □ ゴワゴワした生地の服を着ると安っぽく見える
- □ シンプルな服だと寂しそうに見える
- □ ロングカーディガンを着るとだらしなく見える
- □ ツインニットやふんわりニットがきまる
- □ ハイウエストでスタイル良く見える

B が多い →
ウェーブタイプ(P88)

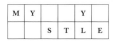

Theory

骨格スタイル分析が教えてくれるもの

服選びに迷いがなくなり
自信を持って着こなせる

診断の結果、最もチェック項目が多いのがあなたの骨格スタイルです。中にはチェックの結果が2つの骨格にまたがっている方もいるでしょう。そういう方は2つのタイプがミックスされていますので、残りの1つのスタイルに該当するものには手を出さないようにします。服は色・形・素材で構成されていますが、骨格診断によって、形と素材に関して、自分に似合うもの、似合わないものが理解できるようになります。

なんだか着太りしてみえるとか、なんだか寂しく見えるなどの日頃の疑問も、骨格が理由だったとわかればすっきり。もう似合わない服にあえて手を出すこともなくなります。

もしウェーブタイプの方がシンプルなシャツを着たいなど、骨格的には似合わないけど好きで着たい服がある場合は、似合うものをプラスして補う手段を考えましょう。この場合は巻き髪にするなどして曲線をプラスするのがおすすめです。

ナチュラルタイプ

NATURAL TYPE

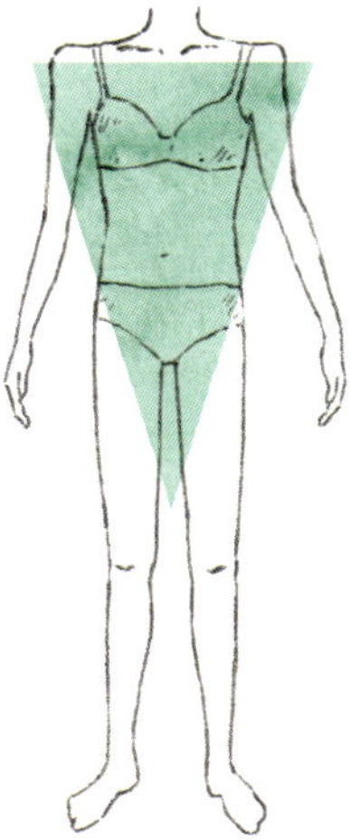

身体のフレーム（骨格）がしっかりとしている。関節が大きく、鎖骨、手、足などのパーツが大きい。肩幅が広め。重心の位置の偏りが少ない。

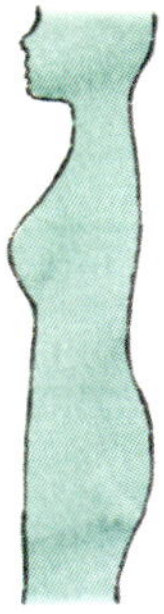

胴の断面が楕円形で平面的。骨ばった印象。

ウェーブタイプ

WAVE TYPE

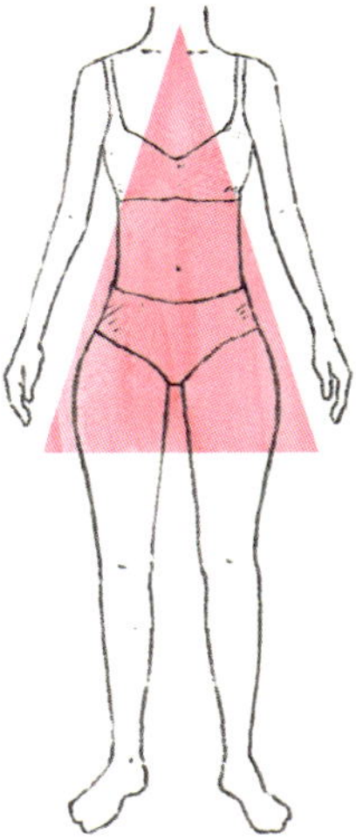

バスト下からヒップの位置までが長めで、全体的に重心が下にある下重心の洋梨形。上半身はきゃしゃな印象。筋肉がつきにくい。

胴の断面が楕円形で平面的。身体に厚みがない。

ストレートタイプ

STRAIGHT TYPE

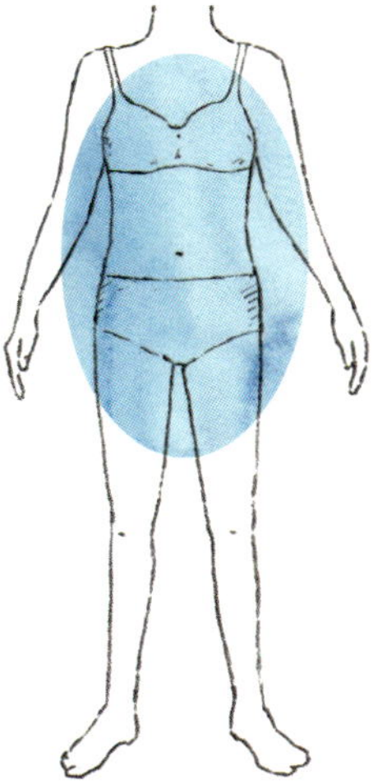

バストトップとヒップの始まりの位置が高く、全体的に重心が上にある。筋肉がつきやすい。安定感のある首。二の腕にハリが感じられる。

胴の断面が円筒形で立体的。身体に厚みがある。

Straight TYPE

ストレートタイプ

立体的なメリハリのある身体で、横から見ると厚みのある体型です。胸と腰の位置が高いのが特徴。筋肉がつきやすく、肌には豊かなハリがあります。

似合うを引き出すキーワード

シンプル&シック
スタンダード
直線的
高級感

似合うライン・形

身体そのものにリッチな存在感があるので、余分な装飾のないもの、定番と言われるシンプルなアイテムをきれいに上品に着ることができます。このタイプの方は全体が縦長の長方形のシルエットになるよう「I」ラインを意識してコーディネートをしましょう。胸元や腰回りはスッキリさせ、特に上半身はジャストサイズできちんと装うことをおすすめします。トップスはVネックやシンプルなシャツなど、首回りに抜けがあり、装飾のないものを選びましょう。カチッとしたテーラードジャケットにタイトスカートなどの直線的なラインを意識した装いが似合います。

似合う素材

立体的でメリハリのある身体に負けない、ハリのある質感の素材が似合います。カシミヤやウール、シルク、綿などのクオリティの高い高級感のある素材がおすすめ。ニットならハイゲージ、表革のアイテムも似合います。デニムならダメージの少ないキレイめのものを選びましょう。

シンプルベーシックなアイテムを着こなすときに気をつけること

基本的にシンプルベーシックな装いが似合う骨格です。コーディネートする時も引き算を心がけ、すっきりと着こなしましょう。

01 アクセサリーは8mm以上の玉

華奢で繊細なアクセサリーよりも、大きめのはっきりとした形状やラインのものがおすすめです。

02 肩線があり、肉を拾わない素材やサイズを選ぶ

肩に丸みがあるのでボリュームのある素材、肩線がはっきりしない、ゆったりとしたデザインは太って見えがち。ニットなら肩線のあるハイゲージがおすすめ。

03 ウエスト位置は腰骨に触れるラインに

トップスの丈は長すぎず短すぎない、腰骨にかかるくらいの位置がスッキリ見えます。

04 どこかに直線を意識する

羽織るだけで「I」ラインになるロングジレはおすすめ。横にボリュームが出ないようスッキリとしたデザインで丈が長すぎないものを。

Wave TYPE

ウェーブタイプ

身体にあまり厚みがなく、上半身が薄くて平面的な体型です。筋肉がつきにくく、やわらかな肌質で、鎖骨がやや目立つような華奢な印象。バスト下からヒップまでが長く、腰の位置がやや低めの下重心です。

似合うを引き出すキーワード

フェミニン
エレガント
曲線的
華やか

似合うライン・形

華奢な上半身と、腰回りのボリュームをカバーするためにトップスにもボトムスにもふんわりとしたデザインのものを選び、ウエストを気持ち高めの位置でしっかりマークしたＸラインがおすすめです。フリル付きのブラウスや装飾のあるデコラティブなトップスにフレアスカートなどが似合います。シンプルなトップスを着た時は上半身にボリュームを持たせるために、髪をカールさせたりアクセサリーをあしらうなどして立体感を出すのがおすすめ。ハイウエストのボトムスや胸下で切り替えのあるトップスも、下重心の体型カバーになります。

似合う素材

このタイプの方は、柔らかい素材や、透ける素材、伸縮性のある素材がおすすめ。ナイロン、シフォン、モヘア、ニット、ベロア、ツイード、ストレッチ素材やスウェード、ファーなどのアイテムが似合います。

シンプルベーシックなアイテムを着こなすときに気をつけること

体が薄いので、さびしくならないように立体感を出し、また重心を上げることがポイントです。

01 アクセサリーは7mm以下のものを重ねづけ

重心の位置を少しでも高く見せるためにネックレスで視線を上に持ってくるのもおすすめ。その際は華奢なもの、玉が7mm以下の小さめのものを選び何連も重ねづけして華やかに。

02 胸元に立体感を出す

首回りが華奢でともすると寂しい印象になりがち。ドレープやフリル、タックなどのあるトップスを選び、ボリュームを出しましょう。

03 ハイウエストでインする

バスト下から腰までが長いので、トップスをボトムスに入れる位置を、ウエストより気持ち上めにすると、バランスがとりやすく、脚長効果も得られます。

04 巻き髪をアクセントに

特にシンプルなトップスを着た時などは髪の毛を巻き、首回りに曲線をプラスして華やかさを出して。

Natural
TYPE

ナチュラルタイプ

全体的に骨格がしっかりとし、肩幅も広めで鎖骨や肩甲骨がくっきりと出ている方、手や足が筋張っている方はこのタイプ。ボーイッシュでやや平面的な体型をしています。

似合うを引き出すキーワード

自然体
カジュアル
ボーイッシュ&マニッシュ
リラックス感

似合うライン・形

このタイプは、上半身か下半身のどちらかにボリュームを持たせるのがコツ。ボリュームのあるニットなどで、やや骨ばった骨格を隠しつつトップスにボリュームを持たせたYライン、もしくはしっかりとした骨格を受け止めるように、下半身にボリュームを出したAラインのどちらかを心がけましょう。ニットならローゲージや肩線の曖昧なドルマンスリーブなど身体にフィットしないゆるめのラインのものがおすすめ。ボトムスはマキシスカートやバギーパンツなども似合います。身体のフレームがしっかりしているので、シャツの袖をまくるなどカジュアルに着崩すのが得意でサマになります。

似合う素材

麻、綿、ウールなどのざっくりとした天然素材や、デニム、コーデュロイ、ブリティッシュツイードなどのうねや厚みのあるもの、素朴な質感がおすすめです。ニットなら編み目の大きなローゲージ。ムートンやバックスキンなども似合います。

シンプルベーシックなアイテムを
着こなすときに気をつけること

骨ばった印象をカバーするために、ボリュームを出すこと、長さを加えることがポイントです。

01 長いものを プラスする

長さのあるネックレスなどをプラスして、重心を下の方に持っていくのもバランスがとりやすくおすすめです。

02 コーディネートのどこかに ボリュームを出す

身体が骨ばっていて厚みがないので、薄手素材のシンプルなアイテムを着る時は、ストールやスカーフをプラスしてボリューム感を出しましょう。

03 ボリュームのある靴

下の方にボリュームを持たせると全身を引いて見た時のバランスが良くなります。華奢な靴よりもボリュームのある靴が似合います。

04 大きめのバッグ

骨格がしっかりしているので、小さなバッグを持つとアンバランスな印象に。バッグなら大きめのものを選びましょう。

Theory

トレンドは自分に引き寄せて着こなす

似合わないものには手を出さない もしくは似合うように工夫をして

トレンドはアイテムそのものと思っていらっしゃる方が多いようですが、実はシルエットや着こなし方でも表現できます。たとえ今流行っているブラウスやパンツを買わなくても、手持ちのブラウスの裾を入れて着てみたり、トップスもボトムスもボリュームのあるアイテム同士を組み合わせてシルエットを変えたり、着こなし方を変えるだけで今っぽさを表現することはできるのです。

自分に似合うかを考えずにトレンドだからとやみくもに手を出すのも避けたいもの。トレンドのアイテムは、まず自分の骨格スタイルに似合うかを客観的にチェックし、似合わない時は手を出さないか、自分にどうやったら引き寄せられるかを工夫して取り入れましょう。時には手を出さない潔さも大人の女性には必要です。次ページからは私を例にし、トレンドをどう自分に引き寄せるかの具体的な考え方をご紹介します。

1

トレンドのオーバーシャツを着こなすには?

例えば鈴木尚子の場合

ビッグシルエットのシャツは、そのサイズ感そのものがトレンド。けれど骨格によって、似合うボリューム感やデザインが違うので、注意しながら選ぶ必要があります。肩線のありなしは、とくに気をつけるポイントです。

○ 肩線の合うシャツでサイズを上げる

私のように骨格がストレートタイプの人は、二の腕が太いため、そこを強調するような肩のラインが下がっているものが苦手。シャツを選ぶ時は肩線が合っているかどうかがチェックポイントです。

いつもよりワンサイズ大きいものを選び、ウエストまわりを少しゆったりとさせてパンツにインします。そうするだけで今っぽい着こなしに。

× 今までのジャストサイズシャツ

私の体型にぴったりのジャストサイズのシャツ。このまま単体で着るとぴったりすぎて、アカ抜けない古臭い印象になります。

× オフショルダーシャツ

オフショルダーのビッグシルエットシャツを襟を抜いて今っぽく着ようとしても、肩幅が狭くなで肩なせいで、腕の方に下がってきたり、すぐに前に戻ってきてしまいます。肩線が下がりすぎ、だらしのない印象に。

2

トレンドのガウチョパンツを着こなすには?

例えば鈴木尚子の場合

もはや定番と言っても良さそうなここ数年のトレンド、ガウチョパンツ。選ぶ時は、ボリューム感や長さを前からだけでなく、横からもしっかりチェックして、自分に似合うラインを吟味しましょう。

◯ 素材、ボリューム、丈が合っている

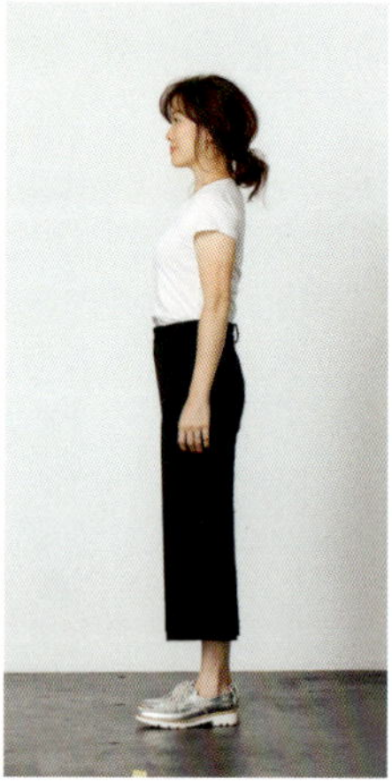

私はストレートタイプで身体に厚みがあるので、腰回りがスッキリした、ギャザーやタックが少ないシンプルなデザイン、かつ柔らかすぎない素材のものを選びます。身長が低いので、長すぎず脚の一番細い足首部分が見える丈もポイントです。

✕ 素材、ボリュームが合っていない

横から見るとよくわかりますが、私のような円筒形の体型の人が、このようにギャザーが多く入ったボリュームのあるシルエットのパンツをはくと間違いなく太って見えます。ふんわりと柔らかいフェミニンな印象の素材も着太りの原因に。

✕ 長さが合っていない

長めのガウチョパンツを選ぶと足首がチラッと見える程度の中途半端な丈になってしまいます。少しの丈の差でも見た目の印象がずいぶん違うことがわかります。

骨格別 似合うパンツ、スカート

「ストレート」「ウエーブ」「ナチュラル」の3つの骨格タイプ（P82～）によって、例えば同じテーパードパンツでも、ベストな素材やデザインのディテール、着丈などが変わります。自分の定番となる1本を見つけるために、またボトムスのバリエーションを広げるヒントとして役立ててください。

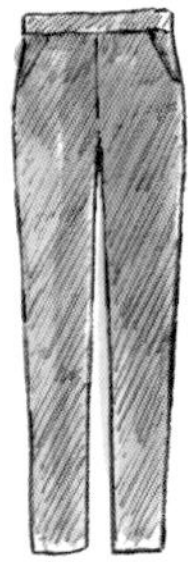

1 ストレートパンツ

パンツの基本形で、膝からすそにかけてのラインがまっすぐに近いもの。トレンドによって、股上の深さには変化が見られます。

STRAIGHT	●	
WAVE	▲	クロップド丈など、肌がのぞく丈感で軽やかさを出す
NATURAL	●	

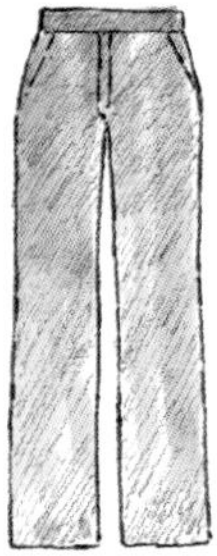

2 ワイドパンツ

ストレートと同じまっすぐなラインで、わたりが広く、体から離れる太さを持ったパンツ。長さはフルレングスが多いが、最近は短め丈のものもあります。

STRAIGHT	●	広がりやタックがなくIラインのものを選ぶ
WAVE	▲	生地のやわらかく揺れるような素材感のものを選ぶ
NATURAL	●	

3 スキニーパンツ

「スキニー」とはやせているという意味。ストレッチの利いた細身のパンツで、皮膚のように体にフィットするため、着る人の体型を選びます。

STRAIGHT	×	肉を拾うため苦手
WAVE	●	柔らかな体の質感にフィットするが、体型やトップスを選ぶ
NATURAL	×	骨感が目立つため苦手

4 クロップドパンツ

クロップとは切り落とすという意味で、すそが切り落とされたデザインのパンツ。長さは6分丈から9分丈まであり、太さも様々。

STRAIGHT	●	センタープレスの入ったきれいめのもの
WAVE	●	細身のものや、素材のやわらかいもの
NATURAL	▲	生地が厚く固いもの。丈は長めかすそがWのもの

5 サブリナパンツ

細身の7～8分丈ですそに向かってシェイプされている。映画「麗しのサブリナ」でオードリー・ヘップバーンがはいたことからこの名称に。

STRAIGHT	×	細身なので肉感が拾われがち
WAVE	●	
NATURAL	▲	重心が上がってしまうので、ボリュームのある靴が必須

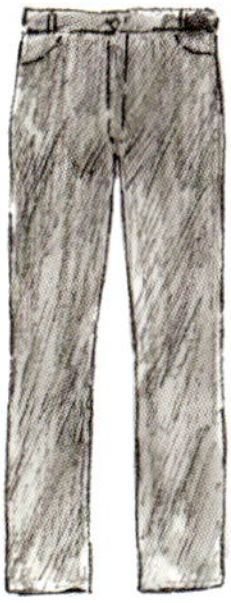

6 チノパンツ

チノ・クロスとよばれる丈夫な綾織りの綿布で作られたパンツ。色はカーキや茶系が多いが、黒やネイビーなどもあります。

STRAIGHT	●	きちんと感があるきれいめのものを選ぶ
WAVE	×	素材が固いものが多いので苦手
NATURAL	●	

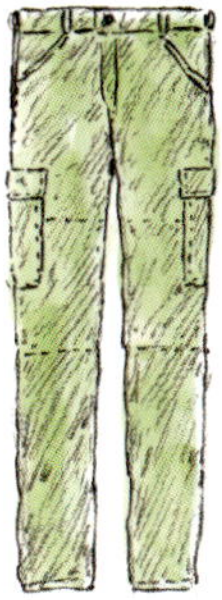

7 カーゴパンツ

カーゴとは貨物船の意味で、そこで荷物の上げ下ろしをする人たちがはいていた作業用のパンツ。沢山のポケットがついていることが特徴。

STRAIGHT	▲	ポケットに厚みがないものを選ぶ
WAVE	×	苦手だがはく場合は、ストレッチや七分丈のものを
NATURAL	●	

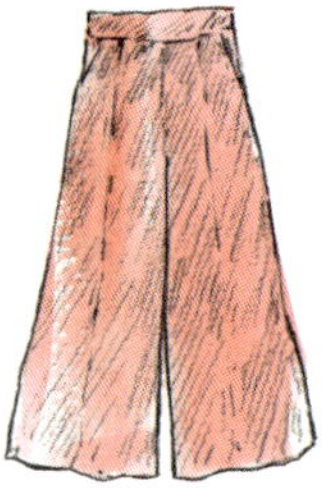

8 ガウチョパンツ

ガウチョとは、南米の草原地帯の遊牧民のこと。彼らがはいていたすそ広がりのゆったりとした七分丈のパンツから、現在のガウチョパンツの名称に。

STRAIGHT	×	苦手だが、はくなら広がりやタックがなくIラインのものを選ぶ
WAVE	▲	生地のやわらかく揺れるような素材感のものを選ぶ
NATURAL	●	ボリュームのある靴と合わせるとなおよい

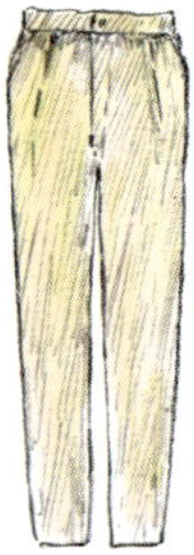

9 テーパードパンツ

腰周りから太ももまでがゆとりがあり、すそに向かってシェイプされたパンツ。落ち感のある素材から、張りのあるものまで様々。

STRAIGHT	●	センタープレスできれいめな、タック控えめなもの
WAVE	●	素材がやわらかく、ウエスト周りにタックのあるもの
NATURAL	▲	すそ絞りで重心が上がるので、ボリューム靴が必須

10 ジョガーパンツ

テーパードパンツにプラスして、すそにリブがついたパンツ。パンツ自体が形づくられているので、体型をごまかしやすい。

STRAIGHT	×	きれいめで素材にはりがあるもの
WAVE	▲	やわらかい素材感を選ぶ
NATURAL	●	ラフなイメージにはけるので得意

11 イージーパンツ

英語の easy からこの名前で呼ばれるように。腰周りに紐があり、楽にウエスト周りを調節でき、リラックスして気楽にはけるパンツ。

STRAIGHT	×	苦手だが、はくなら膝下が細身のきれいめのもの
WAVE	▲	素材が柔らかで、丈の短めのもの
NATURAL	●	ラフなイメージのものがよい

12 タイトスカート

腰からすそまで、体のラインに沿うスカート。太ももからすそにかけての太さにあまり差がないボックスタイトから、裾にかけて絞りを強くしたペンシルタイトまで。

STRAIGHT	●	
WAVE	●	ストレッチが効いていたり、装飾のあるものが○
NATURAL	●	ボックスシルエットが着こなしやすい

13 ギャザースカート

フレアスカートの一種で、腰周りにギャザーを寄せたもの。ウエストからヒップにかけて、ふんわりとしたふくらみが出るシルエット。

STRAIGHT	×	腰まわりが太って見えるので苦手
WAVE	●	
NATURAL	●	麻や固めの綿素材生地などを選ぶ

14 コクーンスカート

コクーンとは繭の意味で、タックなどにより腰周りに余裕を持たせ、裾先にかけて細身になったシルエットのタイトスカートのこと。

STRAIGHT	×	苦手だが、はくなら腰周りのタックが少なめのものを
WAVE	●	
NATURAL	×	はくなら生地に凹凸のある長め丈や、個性的なデザインを選ぶ

15 プリーツスカート

折りたたむ形でひだを加えた、立体感のあるスカート。ひだの太さによって、ボックスプリーツ、アコーディオンプリーツなどがあります。

STRAIGHT	×	腰回りが太って見えるため苦手
WAVE	●	
NATURAL	▲	長めの着丈で重心を下げて

Chapter 5

毎日困らない
コーディネートSNAP!

	S				
		N	A	P	!

SPRING

SNAP!

私のようなベーシックカラー好きの春の装いは、ともすると暗くなりがちです。素材を軽やかにしたり、白の分量を多くして抜け感を出すようにしています。

モノトーンコーデは小物づかいが大切なポイント。ウエストに巻いたバンダナ柄のスカーフとコンビシューズでキリッと引き締めて。

Cardigan／バーニーズ
T-Shirt／オーラリー
Pants／ユナイテッドアローズ
Scarf／マニプリ
Shoes／サンローラン
Bag／アニヤハインドマーチ

ハリ感のある素材の白いプルオーバーは、小物次第でイメージを変えられる着まわし力のある1枚。夏っぽい小物で季節を先どり。

Tops／コス
Pants／ザラ
Shoes／ジャックロジャース
Necklace／ローズバッド
Bag／ノーブランド

春先に重宝するミリタリージャケット。私たち世代ならタイトスカートにヒールを合わせるなど、キレイめに仕上げるのがコツ。

Outer ／アスペジ
Knit ／アナディス
Skirt ／ガリャルダガランテ
Shoes ／セルジオロッシ
Bag ／トッズ

ロングニットで縦長のＩラインを強調した、私の骨格スタイルに合う得意のコーデ。レザースニーカーを合わせ大人の洗練カジュアルに。

Cardigan ／プレインピープル
T-Shirt ／ヘインズ
Pants ／ユナイテッドアローズ
Shoes ／三越伊勢丹
Bag ／アニヤハインドマーチ
Necklace ／日貿真珠
Bracelet ／ノーブランド

今日はスタバで執筆！　なんて日は着心地のよさが最優先。カジュアルなボーダーＴシャツにスニーカーのこんなスタイルが My 定番。

Tops ／アストラット
Pants ／ユニクロ
Shoes ／三越伊勢丹
Necklace ／フィリップ オーディベール
Bag ／ドレステリア

ネイビーニットに白パンツは私の大好きな定番スタイル。ガウチョパンツを選べば、リラックス感がただよう力の抜けた装いに。

Knit ／ドゥロワー
Pants ／バンヤードストーム
Shoes ／ザラ
Necklace ／ノーブランド
Bag ／ラロネ

半袖のトップスにタイトスカートのセットアップは、ジャケットを羽織れば打ち合わせや講師の仕事にも対応できる便利アイテム。

Jacket ／セオリー
Tops ／ドゥーズィエムクラス
Skirt ／ドゥーズィエムクラス
Shoes ／ペリーコ
Necklace ／ノーブランド
Bag ／フェンディ
Watch ／ロゼモン

SUMMER

SNAP!

この頃の夏はとにかく暑い…。アクセサリーも最小限にしたいから、自分の顔になじむ得意な色、ベージュやテラコッタ、キャメルの出番が多くなります。

いつもより少し長めの膝下丈のタイトスカートでトレンドをプラス。長めの丈のスカートをはく時はトップスをインしてバランスよく。

T-Shirt／ヘインズ
Skirt／ブルーバードブルバード
Belt／ノーブランド
Shoes／パロミタス
Hat／ノーブランド
Bag／ドレステリア

大好きなテラコッタ色のトップスですがノースリーブは苦手。大ぶりネックレスをポイントにして、気になる二の腕から視線を逸らせます。

Tops／スピック&スパン ノーブル
Pants／ユニクロ
Shoes／スティーブマデン
Necklace／ドナテラペリーニ
Bag／ノーブランド

後ろが長いトレンドの変形Tシャツも、Myベースカラーのベージュなら着こなせます。トレンドを取り入れる時はこのくらいのさじ加減で。

T-Shirt／ビームス
Pants／ユナイテッドアローズ
Shoes／パロミタス
Bag／ノーブランド
Sunglasses／フェンディ

キャメルのロングプルオーバーは、白のクロップドパンツでキレイめな着こなしに。夏らしい小物を加え、リラックス感をプラス。

Tops／エヴァローレン
Pants／ユニクロ
Shoes／ペリーコ
Necklace／エルメス
Bag／ブジバジャ

黒のセットアップは、スーツ姿のビジネスマンの中でも浮くことのない夏の打ち合わせの必須アイテム。半袖&パンツで暑い日にも重宝しています。

Tops／デプレ
Pants／デプレ
Shoes／ザラ
Cardigan／エストネーション
Necklace／フィリップオーディベール
Bracelet／フィリップオーディベール
Bag／アニヤハインドマーチ

大好きな上下白の爽やかなコーディネート。夏なら黒小物で引き締め、冬はクリーミィなベージュで柔らかく仕上げるのがマイルール。

T-Shirt ／オーラリー
Pants ／ユニクロ
Belt ／ラルフローレン
Shoes ／ザラ
Bag ／ノーブランド
Stole ／無印良品

インパクト大な太めのボーダー T シャツが主役。そんな日は合わせるボトムスや小物をあくまで控えめにし、引き算コーデを心がけます。

T-Shirt ／ユナイテッドアローズ
Skirt ／バーニーズ
Shoes ／三越伊勢丹
Necklace ／フィリップ オーディベール
Bag ／アニヤハインドマーチ

AUTUMN

SNAP!

秋になるとこだわりたくなるのが素材感。質の良い素材は着心地が良いだけでなく、全体のイメージを格上げしてくれるので、服選びの大切なポイントです。

オール黒のコーデは、艶のある表革のライダース、ドライなニット、マットなパンツと素材感・質感を変え、奥行きのある着こなしに。

Jacket／パンセ
Knit／ユニクロ
Pants／エルフォーブル
Shoes／ザラ
Bag／アニヤハインドマーチ
Bracelet／フィリップ オーディベール
Watch／ダニエルウェリントン

まだまだ暑さが残る初秋、朝夕はロングカーディガンを羽織って温度調節。羽織った時を想定し、上下を白でまとめた定番コーデ。

Cardigan／ユニクロ
T-Shirt／ヘインズ
Pants／バンヤードストーム
Shoes／パロミタス
Bag／トッズ
Necklace／ティファニー

白Ｔシャツにデニムのド定番なコーデはずっと変わらず好き。メンズライクなピンストライプのジャケットをラフに羽織って抜け感を。

Jacket／ラルフローレン
T-Shirt／オーラリー
Pants／メゾン スコッチ
Shoes／三越伊勢丹
Sunglasses／フェンディ
Bag／エバゴス
Watch／ダニエルウェリントン

AUTUMN

時には凛としたスカート姿で気を引き締めるように。地味になりがちな配色は、スカート丈や全体のシルエットで新鮮さを。

Knit ／ドゥロワー
Skirt ／ギャルリーヴィー
Shoes ／ペリーコ
Bag ／ピエールアルディ

初対面の方との打ち合わせの日は、トラディショナルなアイテムを組み合わせたこんなコーデを。私らしさを表現でき、安心できます。

Cardigan ／エストネーション
Shirt ／ビームス
Pants ／ユナイテッドアローズ
Shoes ／ユナイテッドアローズ
Scarf ／エルメス
Bag ／フェンディ

インナーをワントーンでまとめ、スタイルアップ効果を。ベージュのジレは黒の強さをやわらげ、縦長のIラインを強調する役目も。

Vest ／ミラオーウェン
Knit ／ドゥーズィエムクラス
Pants ／ザラ
Shoes ／ユナイテッドアローズ
Bag ／サンローラン

キャメル×デニムの組み合わせは私の1番好きなコーデ。デニムは少し褪せた色合いを選び、そのぶん小物でキレイめに仕上げます。

Knit ／ウィムガゼット
Pants ／ザラ
Shoes ／ユナイテッドアローズ
Sunglasses ／フェンディ
Bag ／トッズ
Bracelet ／エルメス、フィリップオーディベール

WINTER

S
NAP!

実は暑がりで、薄着だと良く言われます…。クローゼットの中でコートはかさばるので、少ない枚数で済むよう、着回しの利くものを選ぶようにしています。

トレンチコートにタータンチェックのストール。ベーシックを絵に描いたような馴染みのスタイルは、永遠に好きなコーデです。

Coat ／ハイク
Knit ／ワールド
Pants ／ユニクロ
Shoes ／アクネ
Bag ／アニヤハインドマーチ
Stole ／グレンサクソン

シックな色合いでまとめた、地味になりがちなコーデは、フリンジ付きのバッグでインパクトを加え、白レザースニーカーで抜け感を。

Coat ／バーニーズ
Knit ／スリードッツ
Pants ／メゾンスコッチ
Shoes ／三越伊勢丹オリジナル
Bag ／サンローラン
Necklace ／フィリップ オーディベール
Bracelet ／フィリップオーディベール

上半身に厚みがある私はファージレのボリュームが不得意。だからこそ、自分に似合う白の色みやファーの質感にこだわり、引き寄せて着る工夫を。

Knit／ドゥロワー
Vest／ユナイテッドアローズ
Pants／ジャーナルスタンダード
Shoes／ファビオルスコーニ
Suitcase／リモワ

グレーのワントーンコーデには質&品のよい同系色のスカーフを馴染ませるのが最近の気分。シックにまとめた大人ならではのコーデ。

Knit／ラルフローレン
Pants／セオリー
Shoes／ペリーコ
Scarf／エルメス
Coat／バーニーズ
Bag／ピエールアルディ

キャメル×黒のコントラスト配色。ニット帽やストールもキャメルで揃え、色を抑えるのが大人カジュアルを品よく仕上げるコツです。

Knit／ドゥロワー
Pants／バーニーズ
Shoes／チャーチ
Hat／コス
Stole／コス
Bag／サンローラン

ストールに含まれた色から派生させたコーディネート。ペンシルタイトスカートを合わせ、しっとりと女性らしい着こなしに挑戦。

Knit ／ドゥロワー
Skirt ／ユニクロ
Shoes ／ナインウエスト
Scarf ／エルメス
Coat ／ハイク
Bag ／サンローラン

ボーダーにライダースのフレンチシックに、キャメルを加えてイタリアっぽいニュアンスをミックス。そろそろ春が待ち遠しくなる頃にするコーデです。

Jacket ／パンセ
Tops ／アストラット
Pants ／ユナイテッドアローズ
Shoes ／ユナイテッドアローズ
Stole ／コス
Bag ／トッズ

母と娘のおしゃれ対談

ブログに登場するたび、実は毎回大反響の母。彼女の「オシャレをもっと知りたい!」の
声にお答えすべく、親子のおしゃれ談義を史上初公開。
私のおしゃれのルーツはやはり母だった、と思うのです。

鈴木尚子（以下 尚）ママはずっと専業主婦だったのに、毎朝私たちが起きる頃には、きちんとメイクして髪も整え、着替えをしていたわよね。私にはどうしてもできなくて、まだ子どもが小さかった頃に「家にいるだけなのに、何できちんとできるの？」って聞いたことがあったわよね。そうしたら「そんなの自分が気持ちがいいからに決まっているじゃない」って。

母 たしかに子どもが小さいと、それだけで精一杯なのは、よくわかる。でも自分には「誰が見ていなくても、心地いいこと」が絶対譲れないものだったのよね。だから少しだけ頑張っていたのだと思う。

尚 ママを見ていると、服やアクセサリー、バッグをとても大切にしていてすごいと思う。ユニクロのＴシャツにも、毎回アイロン

をかけている。

母　服は値段じゃないと思うの。色も形もベーシックなものが好きだからこそ、買うときはちょっとした素材の違いや、細かいところまでよく確かめて買うわね。そうして買った服だから、大切にお手入れをして着たいと思うの。

尚　そういうところをずっと見て育ったから、私も無類のベーシック好き（笑）。小さい頃からピンクとか赤とか着せてくれなかったものね。買ってもらえなかったキャラクターもののビニール靴が、当時はどれほど欲しかったことか！

母　子どもってそれだけで可愛いから、シンプルなものが似合うのよ。

尚　今はよくわかる。私も子どもたちの服を選ぶときに思うもの。でもママはその代わりに、シンプルな服にかわいいフリンジを手縫いでつけてくれたり、ちょっとした工夫をして似合うように着せてくれたわね。

母　懐かしいわね（笑）

尚　ところで、ママのベーシックな着こなしのポイントって何かしら？

母　そうね、まずは色を3色程度に絞ること。その代わり素材の質感を変えたり、着こなしに奥行きが出るようにバランスを見ることね。そのベストバランスを見つけるためには、事前に準備しておくことも大事。服を買ったら、しまう前に手持ちの物と合わせて、これにも合うなとかシュミレーションは欠かさない。

尚　実家暮らしの時には、よくやったよね！　ファッションショー（笑）。あれこれ組み合わせて靴まで履いてチェックした。それが一番の勉強になったと思うもの。やっぱりやってみることが大切ね！

尚　最後にヘアメイクについて。ママは服を大切に着るだけじゃなくて、いつ会ってもきれいにネイルをし、メイクをして髪もつややか。私たちみたいなシンプルベーシックなスタイルだとそういうこともとても大切だと思うの。

母　どんなに流行の服を着てもメイクが古い感じだと台無しだし、装いがシンプルな分、髪の毛や爪が目立つものね。

尚　自分が心地よくいるために、ママがやっていることすべてが、改めて勉強になります。

母コーデ

母のワードローブも、徹底したベーシックカラー&アイテムでまとめられています。先輩世代ならではの、しっとりとした大人の品の良さ、洗練がただようのは、我が母ながらさすが（笑）。

NAOKO'S COMMENT

母のストールづかいはショップの店員さんにも褒められるほどで、そのアレンジ力にはいつも驚かされます。ネイビー、白、ベージュに少しブルーを加えた私も大好きな配色。

Cardigan ／プレインピープル
T-Shirt ／無印良品
Pants ／ユニクロ
Shoes ／エルメス
Scarf ／エルメス
Bag ／エルメス

Shirt ／ドゥーズィエムクラス
Skirt ／ドゥーズィエムクラス
Shoes ／ジャックロジャース
Necklace ／ノーブランド
Bracelet ／ノーブランド

NAOKO'S COMMENT

最近の両親の楽しみはお友達夫婦と海外旅行に行くこと。リゾートでのディナーで活躍するのがロングのフレアースカートのコーデだそう。いつか私も真似したいなと思っています。

NAOKO'S COMMENT

まろやかなトーンの優しげなコーデ。私は黄みがかったベージュが得意ですが、母はグレーがかったベージュが得意。年を重ねてからはこの色合いの服が増えたようです。

Cardigan／エストネーション
T-Shirt／無印良品
Pants／ユニクロ
Shoes／ジミーチュウ
Necklace／ドナテラペリーニ
Bag／サンローラン

NAOKO'S COMMENT

母らしいキレイめカジュアル。母のネイビーに白をポイントとした清潔感のある装いは子供の頃からの記憶に残っています。普段はデニムにボーダーなんてスタイルも。

Knit／ザ シークレットクローゼット
Pants／ミラオーウェン
Shoes／ファビオルスコーニ
Scarf／エルメス
Bag／ジルサンダーネイビー

家族コーデ

長男が中学生、長女が小学生となり、家族で出掛けることもだんだん少なくなってきました。だからこそ４人が揃う時はさりげなくどこかしらリンクしたコーディネートを心がけて、楽しんでいます。

青山のインテリアショップにショッピング

〝黒〟でリンク！！

この日のテーマは黒。それぞれどこかに黒のアイテムを身につけました。一見するとテイストがバラバラですが、黒をリンクさせることで、遠目で見た時になんとなくまとまりが感じられるようにしています。子供たちの年齢が上がってきた最近では、このくらいのさりげないリンクが心地よい感じです。

パパ

Cardigan ／ユナイテッドアローズ
T-Shirt ／ユニクロ
Pants ／インコテックス
Shoes ／クロケット & ジョーンズ

娘

Tops ／ザディグエヴォルテール
Skirt ／ラルフローレン
Shoes ／ザラ

息子

Tops ／ユニクロ
Vest ／ユニクロ
Pants ／ユニクロ
Shoes ／コンバース

ママ

Cardigan ／バルモラル
T-Shirt ／ヘインズ
Pants ／バーニーズ
Shoes ／チャーチ
Bag ／アニヤハインドマーチ

夏のカジュアルランチ

ボーダーは2人まで！！

この日は、娘と私がボーダー、息子と主人がカーゴパンツでリンクさせてみました。４人で出掛ける時は、ボーダーは２人までとしています。我が家は皆、ベーシックカラーのワードローブが中心ですが、息子だけは鮮やかな色が似合い本人も好きなので、Ｔシャツのワンポイントで赤を加えています。

パパ

Shirt／ユナイテッドアローズ
Pants／アバクロンビー＆フィッチ
Shoes／ユナイテッドアローズ

娘

One piece／ストンプスタンプ
Shoes／ノーブランド

息子

T-Shirt／ラルフローレン
Pants／H&M
Shoes／クロックス

ママ

T-Shirt／ユナイテッドアローズ
Pants／ユニクロ
Shoes／三越伊勢丹
Bag／トッズ

おわりに

数あるスタイリング本の中から、本書を手に取ってくださったことに心より感謝申し上げます。

私はライフオーガナイザーとしてお客様の空間を片づけるなか、「どうしたら片づけられるか？」のお悩み以上に「何を着たらよいかわからない」という悩みが大きいことに気づきました。

「服はセンスで着るもの、理論なんていらない」そう思っていた私ですが、持論を伝え、ご納得いただけると、お客様が自信を持って装うことを楽しんでくださいます。そこから、「なぜこの服があなたに似合うのか」を感覚ではなく、きちんと理由をご説明したい一心で、後づけで理論を学びました。実は、センスと思っていたものには理論があり、おしゃれな人は自然とそのルールや理論で着こなしを調整していることに気づいたのです。

そんな中、一冊目のスタイル本を出版した２０１５年の冬からお約束していた二冊目は、理論とともに、もっと自由におしゃれを楽しむヒントをお伝えしたい！　そんな思いを形にすべく、わがままを言って一年半以上の月日をかけ練り上げました。

毎日憂鬱な気分で服を選び、鏡に映った自分に「なんか変」とがっかりする…。そんな服で一日を台なしにするよりも、ちょっとだけ今までより一生懸命考えて、お気に入りの一枚を選んでいただけたら嬉しいです。

40代を迎え、今の私のクローゼットは人生の中で一番風通しがよく、自分を少しだけきれいに見せてくれる、大好きな服が並んでいます。皆様のクローゼットにもそんな服が少しずつ増え、快適な毎日を手に入れられますように！

最後になりますが、一冊目のスタイリング本から寄り添って下さったＫＡＤＯＫＡＷＡの敏腕編集者藤野様と、以前お仕事でご一緒してから私の憧れの女性となった鈴木奈代さんに構成のお手伝いをしていただけたこと、お二人あっての素敵な一冊となりました。心より感謝しております。ありがとうございました。

２０１６年８月

鈴木尚子

鈴木尚子

すずき なおこ

SMART STORAGE！代表。

クローゼットオーガナイザー講師、マスターライフオーガナイザー、骨格スタイル協会本部講師、color＋shape® コーディネーター。

アパレル業界でデザイン、企画、人材育成に携わったのち、専業主婦に。第２子出産後、片づけとパーソナルスタイリングの仕事を開始。その後ライフオーガナイズを学び、SMART STORAGE！を設立、個人宅での片づけ収納サービスを行う。また、日本初のクローゼットオーガナイザー講師として、プロ育成にも力を注いでいる。

現在は骨格スタイル協会でも講師を務め、その講座は開始数分で満席になるほどの人気。ブログ「SMART STORAGE！」で紹介される私服と、わかりやすく理解しやすい着こなしのメソッドも反響が大きく、またその飾らない人柄にファンが多い。

著書に『もっと心地いい暮らし』『ママと子どもの心地いい収納』『シンプルベーシックな My Style のつくり方』（KADOKAWA）、『賢いクローゼット』（宝島社）などがある。

人物撮影／福本和洋（MAETTICO）

静物撮影／魚地武大

ヘアメイク／菊池かずみ

ブックデザイン／橋田浩志（attik）

イラスト／酒井マオリ

構成／鈴木奈代

制作協力／林智子

※本書に掲載されているアイテムはすべて著者の私物です。
現在入手できないものもありますので、ご了承ください。

誰からも「感じがいい」「素敵」と言われる
大人のシンプルベーシック

（検印省略）

2016年 9月22日　第1刷発行

著　者　鈴木　尚子（すずき　なおこ）
発行者　川金　正法

発　行　株式会社KADOKAWA
〒102-8177　東京都千代田区富士見2-13-3
0570-002-301（カスタマーサポート・ナビダイヤル）
受付時間 9:00～17:00（土日　祝日　年末年始を除く）
http://www.kadokawa.co.jp/

落丁・乱丁本はご面倒でも、下記KADOKAWA読者係にお送りください。
送料は小社負担でお取り替えいたします。
古書店で購入したものについては、お取り替えできません。
電話049-259-1100（9：00～17：00／土日、祝日、年末年始を除く）
〒354-0041　埼玉県入間郡三芳町藤久保550-1

印刷・製本／大日本印刷

ISBN978-4-04-601773-4　C0077